# LIDERANÇA EXPONENCIAL

## Ative seu potencial de ação

Silvio Bugelli

# LIDERANÇA EXPONENCIAL

Ative seu potencial de ação

Engrama Editora

TREND editora

Trend é um selo exclusivo do Grupo Ciranda Cultural


Texto
© Silvio Bugelli

Editora
Nayra Ribeiro

Revisão
Fernanda R. Braga Simon

Produção editorial
Ciranda Cultural

Projeto gráfico e Diagramação
Linea Editora

Design de capa
Théo Álan de Sá Bugelli

**Dados Internacionais de Catalogação na Publicação (CIP) de acordo com ISBD**

B931l Bugelli, Silvio

Liderança exponencial: ative seu potencial de ação / Silvio Bugelli. – Jandira, SP : Trend, 2025.
160 p. ; 15,5cm x 22,6cm.

ISBN: 978-65-83187-34-5

1. Administração. 2. Liderança. 3. Recursos humanos. 4. Gestão de pessoas. I. Título.

2025-4230 CDD 658.4092
CDU 65.012.41

**Elaborado por Vagner Rodolfo da Silva - CRB-8/9410**

**Índice para catálogo sistemático:**
1. Administração: Liderança 658.4092
2. Administração: Liderança 65.012.41

1ª edição em 2025
www.cirandacultural.com.br

*Liderança exponencial é a ciência e a arte de alcançar*
*resultados incomuns com pessoas comuns,*
*integrando com maestria os capitais*
*para crescer humanamente.*

Para a Família Sá Bugelli:
Maria Augusta, João Álex e Théo Álan

# SUMÁRIO

# APRESENTAÇÃO

# O livro a ser escrito

Todo livro começa com uma página em branco; todo desenvolvimento de um líder começa com uma intenção silenciosa.

Todos nós carregamos um livro ainda não escrito. Ele não está nas estantes, está nas entrelinhas da história que escolhemos viver todos os dias.

Este livro trata da sua liderança em potencial. Ainda sem capítulos, sem título definitivo, sem um final previsto. Mas com um protagonista claro: você. E com uma promessa silenciosa: há algo dentro de você pronto para ser revelado, construído e transformado.

A cada escolha, a cada atitude, uma nova linha é escrita. Liderar não é ter todas as respostas, mas aceitar a responsabilidade de quem formula boas perguntas. É deixar de esperar que a história aconteça para assumir, com coragem, a escrita da própria trama da vida.

Antes de qualquer ação, há uma intenção. E, antes da intenção, há um campo invisível de conexões: as sinapses. Bilhões delas se formam a cada segundo, entrelaçando pensamento, emoção e decisão. Liderança começa aí, nos fios sutis dos entrelaces dos desejos, crenças e escolhas.

Como em um tear silencioso, as sinapses são os primeiros pontos, e a vida, assim como a liderança, é uma trama viva feita de urdumes e linhas, de entrelaces visíveis e invisíveis.

Uns sustentam. Outros embelezam. Todos contam.

Este livro é uma referência, e cada capítulo será tecido com você, ponto a ponto, intenção a intenção, ação a ação. O potencial já está com você, é seu. Pulsa em forma de incômodo ou de desejo. Manifesta-se quando você decide dar o passo, evoluir, contribuir e transformar.

Talvez, ao final desta leitura, você descubra que este livro, que começa agora com estas palavras, termina com suas escolhas. Que ele não se encerra na última página, mas segue... nas páginas do seu cotidiano.

Este livro é um convite para você olhar para o seu tear interno, para o campo em que nascem suas intenções e em que suas ações ganham forma. É neste lugar que a liderança exponencial é construída, com três intenções objetivas: *ser – relacionar – realizar.*

O melhor livro é e será sempre o livro lido, e a melhor liderança é aquela que se revela, ponto a ponto, da intenção para a ação.

# UM LÍDER EXPONENCIAL

Em mais uma das tantas feiras que reúnem pessoas e negócios mundo afora, fui me encontrar com Donaldo Buchweitz. Nossas conversas, como sempre, foram intensas e repletas de significado. Eu já havia enviado a ele uma cópia de *Liderança exponencial*, em fase de finalização, para receber suas importantes contribuições como leitor crítico.

Com sua experiência e olhar refinado de quem muito conhece, pois lidera um dos grupos de empresas que mais edita e vende livros no Brasil, Donaldo fez observações valiosas que foram incorporadas à versão final desta obra.

Falávamos sobre o conteúdo do livro quando, de forma repentina, surgiu a ideia: "Donaldo, você é uma liderança exponencial de verdade, de carne e osso. Sua trajetória fala por si só, desde suas raízes do Rio Grande do Sul até a posição de destaque que ocupa à frente de um grupo de empresas no mercado editorial".

Foi então que o convidei a contar a sua jornada, não para ilustrar os conceitos, mas para inspirar. Se este livro oferece informações valiosas para a liderança exponencial, a história de Donaldo nos faz ter a certeza de que a jornada do potencial ao exponencial é mais do que possível. Esta jornada transformadora é real!

# PREFÁCIO

Recebi com grande alegria o convite para prefaciar a obra do meu amigo Silvio Bugelli, cujo trabalho acompanho há muitos anos. Desde que o conheci, admiro a clareza com que ele traduz temas complexos e, acima de tudo, sua visão de empresa e liderança profundamente humanas, capazes de transformar ambientes e pessoas.

No seu livro *Liderança exponencial*, Silvio não se limita a falar de resultados maiores em menos tempo. Ele apresenta uma forma de integrar, de maneira harmônica e coerente, três dimensões essenciais – capital econômico, capital intelectual e capital relacional –, sempre alicerçadas em um fundamento humanizado.

Cresci vendo meu pai acordar antes do sol para cuidar da terra e minha mãe transformar o pouco em muito na cozinha. Aprendi cedo que todo crescimento começa com uma semente pequena, plantada no lugar certo. Décadas depois, fundei a Editora Ciranda Cultural, hoje a que mais vende livros no Brasil. Isso só foi possível porque, antes de qualquer crescimento exponencial, houve liderança exponencial.

Ao ler esta obra, senti que Silvio havia colocado em palavras a jornada entre o potencial adormecido e a liderança transformadora. Lembrei então do menino que nasceu e trabalhou na roça, cercado por pés de milho e soja, e me perguntei: como aquele potencial chegou até aqui? A resposta está neste livro.

Silvio usa uma metáfora que me tocou profundamente: a liderança como um *tear*, em que cada fio é uma escolha, uma intenção, uma ação. Lembrei da minha avó, tecendo na varanda e dizendo que um ponto mal colocado comprometia toda a trama. Entendi que minha história empresarial também foi isso: uma trama consciente, ponto a ponto, decisão a decisão.

O que mais me impressiona na obra é a certeza de que o potencial vem de fábrica. Todos nós nascemos com recursos para algo extraordinário. Mas muitos ficam no "meio da montanha" – a mediocridade confortável. Eu poderia ter ficado lá. Algo dentro de mim não aceitou. Esse "algo" é o que Silvio chama de potencial exponencial – e que este livro ajuda a ativar.

Aqui você vai encontrar muito mais do que conceitos. Vai encontrar ciência e prática, especialmente a neurociência, mostrando como criar conexões cerebrais, reprogramar a forma de pensar e liderar. Vai conhecer as três intenções fundamentais: ser, relacionar e realizar – e como aplicá-las de forma transformadora.

Não espere respostas prontas. Espere perguntas que incomodam e provocam:

Como ativar meu potencial de forma consciente?

Como sair da zona de conforto da liderança mediana?

Como tecer uma trama mais rica para minha vida e para quem lidero?

Vivemos em um tempo em que o mundo muda em velocidade exponencial. Inteligência artificial, reinvenção de negócios, novas exigências. Liderar hoje não é apenas acompanhar a mudança, é conduzir a mudança. E isso só acontece quando você desperta sua liderança exponencial.

Por isso, este livro não é para ser lido uma vez e esquecido. É para ser consultado, relido e praticado. Cada capítulo é uma nova camada de compreensão sobre o que significa liderar no século XXI. Cada página é um convite para se tornar a sua versão mais completa e transformadora.

Da roça à direção de uma grande editora, aprendi que todo crescimento verdadeiro começa de dentro para fora. Começa com a decisão de não aceitar a mediocridade. Começa com a coragem de tecer uma trama diferente. Começa com a ativação consciente do potencial que já existe em você.

Meu desejo é de que este livro se torne uma referência para formar líderes que entendam que performance sem humanidade é insustentável, e humanidade sem performance é incompleta. Que você descubra e explore ao máximo a liderança exponencial que mora em você. Que este seja o ponto de encontro entre resultado e relação, entre ciência e consciência, entre intenção e ação.

Invista nessa jornada. Os frutos serão abundantes.

**Donaldo Buchweitz**

Fundador do Grupo Ciranda Cultural

# PARTE I

# MANUAL NEURAL

O único equipamento sem manual
é também o único capaz de
escrever o próprio manual.

Imagine abrir o manual de um equipamento que você utiliza todas as horas do dia, mas ao qual, curiosamente, nunca teve acesso. Quando adquirimos um celular, um carro ou até uma simples cafeteira, recebemos um guia com instruções claras de uso, cuidados e alertas. Mas o equipamento mais poderoso que existe, aquele que comanda cada pensamento, cada movimento e cada emoção, não vem com manual.

E a curiosidade começa aqui: muitos passam pela vida sem conhecer sequer o nome correto dessa estrutura. Chamamos genericamente de cérebro o que, na verdade, é o encéfalo, nome que vem do grego *enkephalos*, o que está dentro da cabeça. É por isso que fazemos um encefalograma, e não um "cerebrograma", ou que sentimos uma cefaleia, não uma "cerebraleia".

O fato de não termos recebido um manual faz com que, muitas vezes, operemos subutilizando um equipamento extraordinário. É aqui que as neurociências têm sua grande contribuição, não para transformar alguém em especialista em anatomia, mas para oferecer pistas e conhecimentos que permitam ativar com intencionalidade esse centro de comando, transformando o potencial existente em real exponencial.

Este livro integra o saber técnico e o saber vivencial, entrelaçando ciência e arte, teoria e prática, dados e decisão e, sobretudo, humanidade e resultado. Sustenta-se em vivências práticas e em estudos científicos, além de uma bibliografia para despertar novas leituras e revelar profundos achados – obras clássicas e contemporâneas da administração, autores consagrados de liderança e artigos científicos que refletem evidências mais recentes da neurociência aplicada às relações humanas, à saúde mental e à cultura organizacional.

Essa base técnico-científica contribui com fatos que, somados aos incontáveis aprendizados vindos da vida como ela é – nas empresas, nos vínculos, nas lideranças e nos resultados que emergem dessas relações – tornam a leitura um "per-curso" profundo e consistente, um manual da liderança dos novos tempos.

# CAPÍTULO 1

# A ciência da neurociência

A neurociência não nos dá todas as respostas, apenas nos mostra que a jornada é muito mais vasta do que imaginávamos e que jamais pensaremos da mesma forma.

O encéfalo é formado por três estruturas – cérebro, cerebelo e tronco encefálico –, cada uma com funções específicas e integradas. Pesa cerca de 1,5 quilo e consome entre 20% e 25% de toda a energia que o corpo produz diariamente. É também a estrutura com maior concentração de colesterol no organismo, elemento essencial para manter a integridade de suas membranas. Dentro dele existem cerca de 86 bilhões de neurônios, e cada um pode se conectar a até 10 mil outros, formando uma rede exponencial com trilhões de conexões, chamadas sinapses.

As sinapses são como pontes entre cidades: quanto mais vezes alguém as atravessa, aprendendo e praticando, mais largas, rápidas e resistentes elas se tornam.

Tudo começa quando um neurônio recebe um estímulo suficiente para atingir o limiar – é como apertar um botão e acender uma luz. Nesse momento, o neurônio muda sua carga elétrica, e um potencial de ação é disparado: uma onda elétrica corre pelo fio condutor, chamado de axônio, que leva a mensagem de um lado para o outro.

Esse movimento é incrivelmente rápido: nos neurônios mais velozes, o sinal viaja a mais de 400 km/h, e, ao chegar ao seu destino, o impulso elétrico abre portões especiais que deixam entrar cálcio, acionando pequenas bolsas cheias de mensageiros químicos, os neurotransmissores. Eles atravessam um pequeno espaço – a fenda sináptica – e se encaixam como chave e fechadura no neurônio seguinte. Esse encaixe pode estimular ou inibir a próxima célula.

Assim, o ciclo se repete: elétrico no axônio, químico na sinapse, elétrico no próximo neurônio, e assim por diante. Essa sinfonia de cargas e moléculas acontece milhões de vezes por segundo, permitindo que tudo no corpo funcione em tempo real – dos movimentos mais rápidos aos pensamentos mais profundos –, numa orquestração tão precisa e harmônica que desafia qualquer partitura já escrita. Um concerto grandioso que, quanto mais se observa, mais revela a existência de um maestro superior.

Todos os conhecimentos convergem para um único ponto: o que nos torna únicos como seres humanos não é apenas sentir, mas saber que sentimos. Não apenas perceber, mas interpretar. Podemos reagir, mas também refletir antes de agir. E, acima de tudo, podemos ressignificar, atribuindo novos sentidos ao que nos acontece. Percebemos e sentimos não apenas pelo fato em si, mas pelo significado que atribuímos. Somos capazes de antecipar, planejar, imaginar, sentir medo de algo que não existe ou cultivar esperança por aquilo que desejamos que aconteça.

O encéfalo não segrega, integra; não radicaliza, une. Ao integrar diferentes capitais, permite acessar um novo estado de consciência: a consciência capital.

# CAPÍTULO 2

# Consciência Capital

O que está oculto e não chega à consciência dirige nossa vida, e acreditamos ser obra da sorte ou do destino.

Consciência é como um prisma: cada ângulo revela uma luz diferente, com vários significados, como estar desperto no presente, com atenção plena ao aqui e agora. Também é perceber a própria existência, o outro e o contexto, e ainda representa agir com discernimento, sustentado por valores e escolhas éticas.

Na neurociência, o conceito de consciência também carrega diferentes significados. É mais que vigília. Também representa a capacidade de perceber, interpretar e atribuir significado às experiências sensoriais, emocionais ou cognitivas. É o ponto de encontro entre atenção e percepção que molda a leitura que fazemos da realidade.

Capital, no sentido latino de *caput*, significa cabeça ou ponto central e dá sentido a expressões como importância capital, questão capital, decisão capital e, agora, consciência capital.

Ter consciência capital é alinhar intenção e ação com coerência. É integrar pensamento, sentimento e comportamento de forma intencional. Elevar o nível de consciência é atribuir novos sentidos às experiências e, com isso, transformar a forma de agir.

A ciência nos entrega as bases, as evidências, o manual. A consciência nos move ou nos paralisa. A arte abre portais para o que ainda não conseguimos enxergar. Revela conexões invisíveis, acessa territórios simbólicos e emocionais que a lógica sozinha não alcança. A beleza estética aciona a verdade ética.

Este livro se materializa como uma obra de arte que une ciência e consciência para fortalecer o exercício da liderança, mas não de qualquer liderança. Trata da liderança exponencial: aquela que vive no estado da arte, capaz de alcançar resultados incomuns com pessoas comuns. No livro, fios se cruzam e formam sinapses, como uma representação de uma tecelagem invisível entre ser, relacionar e realizar, um tecido vivo que sustenta a vida.

Liderar exponencialmente é operar em níveis mais elevados de consciência, com a ciência como fundamento e a arte como abertura para novas perspectivas. É reconhecer que, no centro da trama da vida, reside um Capital ainda velado, à espera para ser compreendido, acolhido e revelado. Ao virar cada página, a percepção é ampliada. A intenção ganha mais clareza, e o potencial de ação, mais força.

Se existe em você um Capital oculto, pronto para transformar sua forma de ser, relacionar e realizar... como será quando ele for ativado?

## CAPÍTULO 3

# Potencial de ação

Exponencial é o potencial de
ação ativado pela intenção.

Na neurociência, o potencial de ação é o disparo elétrico que permite ao neurônio transmitir sinais, criar conexões e sustentar cada pensamento, emoção e decisão. Antes disso, permanece em latência: energia disponível, mas contida, à espera de um estímulo capaz de atravessar o limiar. Até esse instante, é pura possibilidade. No momento em que é evocado, transforma-se em realização.

Colocar para fora o potencial é atravessar a fronteira da promessa e convertê-la em movimento. É o instante em que algo rompe a barreira da inércia e se projeta para o mundo. Deixa de ser "in", interno e guardado, para tornar-se "ex", externo e multiplicado. Nesse movimento de dentro para fora nasce o "ex--potencial" – que se expande e abre caminho para o exponencial.

No humano, esse padrão é visível em ideias que se propagam, conhecimentos que abrem novas aprendizagens, vínculos que geram outras conexões e pequenas vitórias que alimentam conquistas maiores. Evoluir é, em essência, ativar essa energia latente.

O potencial está sempre presente, mesmo quando adormecido. Ele é o impulso inicial, o campo do ser em expansão. O incômodo com o estado atual se soma ao desejo do crescimento pessoal e profissional. A escalada começa invisível: uma intenção silenciosa que impulsiona novas conexões.

Cada disparo elétrico reforça circuitos; cada gesto de liderança reforça vínculos. O aprendizado, a memória e a identidade são, em última análise, frutos de uma prática incorporada. Da mesma forma, uma liderança coerente é capaz de transformar comportamentos isolados em movimentos coletivos duradouros.

Da latência à realização, do potencial ao exponencial, liderança é, em sua essência, gestão da energia humana, fortalecendo tanto quem lidera quanto quem é liderado.

# CAPÍTULO 4

# Exponencial

A gênese do exponencial
está na intencionalidade em
explorar todo o potencial.

Antes de um líder se formar, há um ser em formação. Antes de uma ação acontecer, há uma intenção. E, antes que o mundo reconheça qualquer realização, há um campo invisível em que a trama se forma: o encéfalo, que, como a impressão digital, é único em cada ser. É exatamente aí que a liderança exponencial começa, no silêncio entre uma sinapse e outra, nos instantes em que um pensamento se transforma em decisão, que orienta determinada direção.

O termo exponencial, utilizado de forma simplista no vocabulário dos negócios, descreve, em sua essência, um fenômeno natural com evidências na biologia, na matemática, na física, na neurociência e na própria vida. Basta observar: uma célula que se divide, uma epidemia que se espalha, o crescimento de um valor quando os juros incidem sobre juros, ou uma chama que acende outras. Cada evento gera novos eventos, e estes repetem o processo, desenhando uma curva de aceleração crescente.

A compreensão do que, de fato, significa exponencial não se limita ao que cresce em progressão geométrica. O exponencial está nas sinapses que se multiplicam no encéfalo humano, nas tecnologias que se desdobram em possibilidades antes impensáveis, nas decisões que irradiam efeitos em rede, nas lideranças que inspiram transformações em cadeia. É um fenômeno que atravessa áreas de conhecimento e exige outro olhar, sob novas perspectivas, outras formas de pensar, integrando inovação com tradição, o novo com o ancestral.

Liderança exponencial é ativar esse processo no campo humano e organizacional. É reconhecer o potencial de ação que habita cada pessoa e, com intencionalidade, criar os estímulos que despertam, direcionam e multiplicam. Três intenções sustentam esse movimento: a intenção de ser, porque, quanto mais se desenvolve a consciência, mais consciente se torna; a intenção de relacionar, porque, quanto mais se cultivam relações, maior o poder relacional; e a intenção de realizar, porque a prática deliberada fortalece circuitos neurais. Quanto mais consolidados eles estiverem, maior será a proficiência da execução.

A gestão clássica é definida por planejar, organizar, dirigir e controlar. Mas, se liderar estivesse parado no tempo e representasse apenas isso, a inteligência artificial faria a gestão com maestria. Liderar é mais: é humanizar a gestão, integrar estratégia e cultura, escolhas e valores, dilemas e decisões. É transformar energia potencial em energia viva, criando ambientes para que o potencial coletivo se expanda.

No trabalho, isso se expressa quando um resultado gera mais recursos, e os recursos geram mais resultados. No humano, quando a mesma energia inicial, multiplicada pela rede neural, social ou organizacional, amplia o alcance do impacto.

Não se vive o exponencial sem antes expandir o hábitat em que ele se desenvolve. Assim como o corpo precisa de nutrição para crescer, a mente precisa de intenção para expandir. E o que alimenta essa expansão é um ato de ousadia e coragem.

# CAPÍTULO 5

# O poder da intenção

É na intenção que tudo começa,
e é na ação que se revela.

Tudo começa na intenção. Intenção não é pensamento solto ou devaneio. É energia criadora, impulso que dá direção. É a semente invisível de tudo, que em breve se tornará visível. A neurociência atesta que uma intenção clara já começa a moldar padrões neurais antes mesmo do primeiro gesto, como se o encéfalo se preparasse para o que está por vir.

É simples e irrefutável: a intenção se revela na ação. Não há o que oculte uma intenção. Não há gesto que não carregue uma real intenção. Quando a intenção é ausente ou confusa, o movimento que dela nasce também se torna disperso. Liderar sem intenção é como navegar sem leme: o esforço existe, mas o destino é incerto.

A ciência evidencia que uma intenção definida com clareza funciona como um gatilho neural que ativa padrões de atividade elétrica que criam ou fortalecem conexões. Esses caminhos, quando consolidados, formam feixes sinápticos – os engramas, registros físicos dessa experiência –, moldando a forma como sentimos, reagimos, decidimos e lideramos. Representa abrir clareiras em territórios mentais ainda inexplorados. É ousar compreender em um mundo distraído e escolher agir com discernimento em meio à pressa e ao ruído.

A conexão entre intenção e ação é estudada pela ciência como cognição incorporada, chamada de *embodied cognition*, e revela que liderar não é apenas um ato mental, mas uma experiência integral, na qual pensamentos, emoções e ações se misturam no corpo e se projetam para o ambiente. A maneira de estar presente, de olhar, de falar e de ouvir, a forma de ocupar um espaço ou reagir a um estímulo, tudo comunica. É a partir dessa integração sensorial e expressiva que se forma a *levada do líder*, o compasso único que define a maneira de ser, relacionar e realizar da liderança.

Quando a intenção de ser se traduz em presença coerente e em constante evolução, quando a intenção de relacionar se manifesta na criação de vínculos que inspiram, influenciam, cuidam e geram pertencimento, quando a intenção de realizar se concretiza em decisões, execuções e celebrações que deixam legado, a liderança se torna viva, perceptível e transformadora.

A liderança que transforma é, antes de tudo, a liderança disposta a se transformar. Essa transformação acontece quando a intenção se converte em compromisso vivenciado no corpo, na mente e na alma – no ser, no relacionar e no realizar.

E se a derradeira escalada para sua liderança exponencial estiver a poucas páginas de distância?

# PARTE II

# ESCALADA

A escalada da liderança não
se improvisa, se ativa.

A liderança não nasce pronta, mas ela já nasce em cada um de nós. Cada ser humano carrega um potencial, mesmo que ainda não esteja expresso em forma de ação. A jornada do líder não começa com o título, mas com o reconhecimento: o momento íntimo em que se percebe capaz de contribuir, transformar, inspirar.

Essa percepção é o ponto de inflexão entre a latência e a vivência. A neurociência dá o nome de *metacognição*, a capacidade que temos de observar o próprio pensamento, monitorar nossas decisões e ajustar comportamentos com base na intenção.

É nesse campo, o da autorreflexão consciente, que o potencial começa a escalar.

Cada pessoa é, em essência, uma promessa viva de evolução. E essa promessa não se cumpre por acaso nem é privilégio de poucos. Não é sorte, é neuroplasticidade dirigida. O encéfalo responde à intenção com reorganização estrutural. O que era latente se torna evidente e real à medida que a experiência consciente encontra uma condição significativa. Liderança não se improvisa. Se ativa.

A escalada da liderança exponencial começa no invisível, no campo imaterial do mental e do emocional. O desejo ganha força. O potencial já instalado espera ser ativado. O desempenho mediano pode se elevar ao auge. É a intenção, silenciosa, mas poderosa, o verdadeiro início de tudo.

Essa escalada é interior antes de ser externa. Este é o campo do ser em expansão, do líder em potencial, da realização que ainda é promessa. Ao permitir-se estar presente nessa jornada, você já começou. Já criou novas conexões. Já tocou a trama que conecta quem você é com quem você pode se tornar.

# CAPÍTULO 6

# O mundo exponencial

A era da exponencialidade exige, mais do que velocidade, humanidade.

Vivemos tempos exponenciais. O que antes levava anos para mudar, agora se transforma em dias. O mundo é exponencial não apenas porque tudo acontece mais rápido, mas porque tudo está mais conectado, interdependente e sensível ao menor dos movimentos. O impacto se propaga com uma força que já não cabe em sistemas lineares.

A inteligência artificial desafia nossa compreensão sobre *embedding*, o processo que transforma dados complexos – palavras, frases, imagens ou sons – em vetores numéricos capazes de preservar contexto e semântica. Redes neurais em laboratórios simulam padrões que ainda buscamos compreender em nós mesmos. Genomas são decifrados. Sentimentos, quantificados. E o tempo, dissolvido nas telas, tantas vezes nos afasta da presença real. Ainda assim, nunca tivemos tanto acesso, tantas possibilidades de conexão, tanto poder de escolha. A complexidade que nos envolve não é ameaça, mas oportunidade. O presente, marcado pela velocidade, clama por profundidade. O mundo exponencial nos lembra que o crescimento verdadeiro não se dá apenas nas coisas, mas fundamentalmente no estágio de consciência. Transformar o mundo começa, invariavelmente, por transformar o modo como o percebemos.

A ciência não caminha sozinha. Ela se encontra com a filosofia, com a arte, com a ancestralidade e com a espiritualidade. Um saber não invalida o outro. Vivemos a era em que tudo o que parecia separado começa a se recompor em uma nova trama. O dado isolado cede espaço à sabedoria. A automação exige mais humanidade.

Sim, o mundo é exponencial. Isso é inegável. Mas o que o torna verdadeiramente extraordinário é a possibilidade de nos convertermos em seres melhores dentro dele. Não se trata de correr atrás da transformação, mas de acessar a inteireza necessária para não nos perdermos nela. Porque não é o ritmo do mundo que define a grandeza da vida, mas o significado que conseguimos imprimir em cada ponto de conexão.

A partir de agora, tudo muda. Se o mundo já é exponencial, a pergunta certa deixa de ser *"O que fazer para acompanhar esse mundo exponencial?"* e passa a ser "*Como ativar o potencial de ação para obter resultados exponenciais?"*, e, ainda, *"Como ativar o potencial de ação para cocriar realidades que elevem a experiência humana?"*.

Esse é o desafio. E é por ele que a liderança exponencial, em sua forma mais humana, consciente e intencional, emerge.

# CAPÍTULO 7

# O potencial vem de fábrica

Nada é mais exponencial do que
um ser humano em potencial.

Cada um de nós, tanto eu quanto você, nasce com tudo o que é necessário para construir uma grandiosa e única história. O que ainda não foi revelado não está ausente, está latente. Adormecido, talvez. Silenciado por ruídos externos, por crenças herdadas, por pressões de adaptação. Mas, ainda assim, sempre presente.

A neurociência confirma que não chegamos ao mundo como uma folha em branco. Cada ser humano traz, em sua arquitetura natural, uma configuração singular de redes neurais que influencia tanto a forma como percebemos quanto a maneira como aprendemos, decidimos, sentimos e nos relacionamos. Essa assinatura original não significa determinismo, mas sim uma inclinação que integra a matriz do nosso potencial.

Cada pessoa traz um modo único de ser, e é justamente nesse modo que reside o potencial que, quando ativado com intencionalidade, se torna exponencial. O erro mais comum, e também o mais danoso, é tentar padronizar o humano. É como exigir que a mesma muda de videira, plantada em diferentes regiões, produza sempre o mesmo vinho. Assim como as uvas que dão origem aos grandes vinhos respeitam o solo, o clima, o tempo e as mãos que cuidam da vinha – tudo isso engloba o conceito que os enólogos chamam de *terroir* –, o desenvolvimento humano também precisa respeitar a singularidade. Potencial se cultiva, e esse cultivo começa com a permissão para ser quem se é, sem se ocupar em se tornar o que os outros esperam.

O potencial vem de fábrica, sim. Mas não vem pronto. Vem disponível. Vem pulsando, como uma promessa silenciosa de algo que pode e merece ser revelado. Não se trata de adicionar camadas de conhecimento sobre uma estrutura estabelecida, mas de ativar, iluminar, expandir aquilo que já habita em estado bruto dentro de cada um.

Esse potencial é evolutivo e moldável de acordo com as vivências. A neuroplasticidade, que representa a capacidade do encéfalo de se reorganizar, formar novas sinapses e construir engramas, permite que esse potencial seja aprimorado, fortalecido e refinado. E é justamente por isso que não há destino determinado. O que existe é intenção direcionada, capaz de conduzir à realização.

A liderança exponencial convida para descobrir e expandir o melhor que já está em cada ser. Essa liderança não nasce da comparação, mas da superação. Não floresce na rigidez, mas na flexibilidade. Evolui junto com quem a vivencia.

Assumir o próprio potencial de ação é aceitar a força que espera ser ativada. É sair da zona mediana e caminhar em direção ao auge. É dar o primeiro passo, mesmo sem ter todas as respostas, com a convicção de que o movimento já é, por si só, um sinal de expansão.

No mundo exponencial, modelos prontos estão com a data de validade vencida. Mas o ser humano que reconhece seu potencial original e se compromete com seu desenvolvimento autêntico torna-se atemporal. Ele não precisa competir por espaço, porque se torna espaço.

Todo ser humano é uma promessa viva. E a liderança exponencial começa quando essa promessa é ativada com intenção.

# CAPÍTULO 8

# A média não, basta!

Mediocridade não é ausência de talento,
mas desistência em escalar para o auge.

Quem não aciona o próprio potencial faz, ainda que de forma inconsciente, a escolha por uma liderança mediana. Média, quando aceita como destino, é mediocridade.

A palavra *medíocre* vem do latim *mediocris*, que significava literalmente "meio da montanha": nem no topo nem na base. Medíocre, portanto, não é aquele que fracassa, mas quem para no meio do caminho. O contentamento com pouco, mesmo podendo mais.

Há muitos líderes que operam exatamente nesse ponto: nem inspiradores nem acomodados. Apenas funcionais. Executam, entregam, mantêm. Mas não elevam nem tampouco transformam. Vivem no platô da montanha e não ousam seguir para o cume.

Essa liderança mediana costuma ser admirada pela estabilidade. Afinal, a média é cômoda: oferece proteção contra o erro, mas também contra a grandeza. É o terreno da previsibilidade, do controle, da repetição. O dilema é que o encéfalo humano não foi agraciado para viver estagnado.

A neurociência mostra que há um intercâmbio constante entre duas redes neurais fundamentais: a rede de modo padrão (*default mode network*), responsável por manter o estado de repouso e a introspecção, quando memórias são revisitadas e narrativas internas são processadas; e a rede executiva central (*central executive network*), ativada quando nos colocamos em ação dirigida, tomada de decisão e aprendizagem. É ela que sustenta o foco, a priorização e a execução.

Entre essas duas, atua a rede de saliência (*salience network*), um sinalizador interno que identifica o que é relevante no ambiente e alterna nossa atenção entre a introspecção da rede de modo padrão e a ação da rede executiva central. Funciona como um *hub*, um portal que decide quando sair do repouso e entrar em movimento.

Cada um de nós transita naturalmente entre essas redes. Porém, a liderança mediana parece criar, muitas vezes sem perceber, um modo alternativo. Sem pretensão científica, denomino de rede modo mediano: um estado mental em que o medo de errar se sobrepõe ao desejo de agir. Nesse estado, a rede de saliência passa a operar de forma predominantemente inibitória, com distratores que enfraquecem sua função. O encéfalo é então condicionado a permanecer na zona de conforto, reforçando padrões conhecidos e evitando riscos, desafios e crescimento.

Quando não se aciona o próprio potencial, o encéfalo se adapta a operar com menos. Economiza energia, reforça padrões existentes e, aos poucos, apaga o desejo de escalar até o auge. O curioso é que a mediocridade raramente é imposta. Ela é ensaiada aos poucos, por escolhas que evitam o risco, o desconforto e, consequentemente, o crescimento.

Evoluir exige energia mental e emocional. Subir requer fôlego, disposição para rever rotas, questionar verdades, aceitar o desconhecido. Por isso, muitos líderes preferem estabilizar sua narrativa no ponto em que já fazem o suficiente, o ordinário, mesmo sabendo, lá no fundo, que ainda não entregam o extraordinário. Mas, no mundo exponencial, a estabilidade é pouco. A escalada até o cume gera desconforto, em especial por não ter todas as respostas. Ainda assim, seguir é fundamental.

A neurociência cognitiva revela que a neuroplasticidade depende da intenção. Só cria novos circuitos quem se dispõe a percorrer novos caminhos. O esforço, quando consciente e consistente, gera o aprendizado consolidado, que transforma o potencial em competência real.

Por isso, toda liderança mediana não é apenas uma condição. É uma decisão. O líder que evita o próprio auge não está apenas se protegendo do fracasso. Está, muitas vezes, se sabotando, limitando sua possibilidade de realização.

A boa notícia é que o cume é acessível. Não para qualquer um, mas para todos os que se dispõem a trilhá-lo. O que separa o medíocre do exponencial não é talento nem dom. É intenção que se transforma em ação. É a recusa consciente de permanecer no meio da montanha e seguir sua escalada.

A média, quando vista com lucidez, não é conforto. É contenção. Um campo estreito para quem nasceu com um sistema nervoso com grande potencial. A liderança exponencial, nesse ponto, se revela como um movimento entre o que já é e o que pode vir a ser. Entre o conhecido que acomoda e o possível que inquieta. Entre a média e o auge.

O que separa o medíocre do exponencial é a recusa consciente de permanecer no meio da montanha e seguir a escalada, mesmo sem ter todas as respostas. A liderança que assume essa escalada entende que empenho, por si só, não basta, é preciso gerar resultados reais.

Não se trata de competir com o outro, mas de honrar o que foi recebido, como graça. É dar ao seu potencial a chance de, com intencionalidade, se tornar exponencial.

# CAPÍTULO 9

# Proficiência

Enquanto uns contam passos até
o auge, outros descobrem que o
caminho começa no próprio passo.

A escalada rumo ao auge exige empenho, mas somente isso não garante desempenho. Há quem se dedique intensamente e, ainda assim, entregue pouco. O equilíbrio entre empenho e desempenho é chamado proficiência, e seu ponto máximo acontece quando o desempenho supera o empenho.

A neurociência confirma que a proficiência é comum e está presente em diferentes contextos. Não se trata de sorte ou destino, é potencial humano lapidado até se tornar extraordinário. Para exemplificar a relação empenho e desempenho, pense em uma situação corriqueira, como andar de bicicleta. Não lembramos exatamente como ou quando aprendemos a andar. Mesmo que passemos anos sem pedalar, basta subir e seguir. O mais interessante é que sabemos fazer, mas temos dificuldade em explicar o como. Desempenho superior ao empenho!

O mesmo ocorre com atletas de alta performance. A proficiência deles é resultado de feixes de sinapses consolidados, circuitos tão bem estabelecidos que exigem pouco empenho para gerar alto desempenho. É uma memória formada por muitos engramas, a memória procedural em ação: como pedalar, não precisa ser pensada.

## CAPÍTULO 10

# Capitais integrados

O placar guarda a memória, o jogo revela o presente e os jogadores tecem o vir a ser.

Escalar do mediano ao exponencial é também ampliar o desempenho. No ambiente corporativo, essa escalada costuma ser pressionada pela obsessão com o placar. Vários indicadores, como faturamento, margem, sobras, lucro, crescimento de receita, retorno sobre os investimentos, rentabilidade, eficiência etc., pautam reuniões e pressionam decisões. São essenciais, mas expressam apenas um capital, o econômico. Ele é indispensável, mas não deve e não pode ser considerado um objetivo. É condição. Como o sangue que circula em nossas veias: invisível à superfície, não se constitui um objetivo de vida, mas é vital para que ela aconteça.

Nenhum placar se sustenta sem boas jogadas. Aqui entra o capital intelectual: o desenho do jogo. É ele que oferece repertório estratégico, define táticas competitivas, alimenta a inovação contínua. Indicadores como o Net Promoter Score (NPS), que avalia posicionamento no mercado, taxa de inovação, ticket médio, entre outros, revelam a qualidade da execução da estratégia.

Mas, como foi dito e repetido por Peter Drucker, *"a cultura devora a estratégia no café da manhã"*, o jogo não acontece apenas no papel. Ele conta com os talentos e as relações entre os jogadores e também com a torcida. Aqui ingressa o capital relacional: seres humanos, com histórias, motivações, diálogos e competências. Sem ele, não há execução, não há engajamento, não há jogo real. Seus indicadores raramente aparecem nas reuniões de resultados, mas se refletem na atração e na retenção de talentos, na confiança construída, na colaboração genuína, na fidelização e na satisfação dos clientes.

São esses três primeiros capitais que formam, com os entrelaces dos seus fios, a trama da liderança exponencial: o econômico, como o fio da sustentação material que garante recursos e dá forma tangível aos resultados; o intelectual, como o fio da criação e evolução, carrega as estratégias e ideias capazes de garantir soluções competitivas; e, finalmente, o relacional, como o fio da confiança e da conexão, que liga pessoas de dentro, os colaboradores, e de fora, os clientes, que promovem condições para que todos os capitais se fortaleçam.

A liderança exponencial é, antes de tudo, integrativa. Ela não isola, não hierarquiza, não fragmenta os capitais. Entrelaça-os como sinapses que, ao se reforçarem, formam redes neurais capazes de ativar circuitos ainda latentes.

Além de fortalecer conexões, o encéfalo elimina sinapses criadas, mas pouco usadas. O esquecimento não é uma falha, é um ajuste natural. A plasticidade neural nos permite instalar novos padrões. O líder que busca o auge pratica esse entrelace consciente, formando novas circuitarias, tanto em seu encéfalo como em suas redes de relacionamento.

A partir de agora, que cada página provoque em você novas sinapses. Que cada descoberta significativa edifique engramas, e que cada escolha crie um ponto bem costurado na sua liderança exponencial.

Mas... e se a liderança que você procura já habitasse você, silenciosamente, aguardando ser ativada por um impulso decisivo? E se este for o seu momento, seu guia para a sua escalada?

# PARTE III

# TRAMATURGIA

Você já nasceu com tudo de que precisa.
O desafio é ativar esse potencial.

*"Tramaturgia"* é uma palavra nascida do encontro entre trama, como o mapa de um território a ser escalado pela liderança, e dramaturgia, que representa escrever histórias e enredos. A *"tramaturgia"* propõe tecer a história da escalada da liderança como um grande tecido de fios.

Imagine um novelo que repousa sobre a mesa. Cada fio é uma experiência, uma escolha ou um encontro. Separados, os fios parecem frágeis e soltos, mas, quando entrelaçados com intenção, dão forma a uma tapeçaria única.

A *"tramaturgia"* é exatamente isto: a arte de trabalhar os fios dessa escalada, conectando o que parecia disperso, dando vida às histórias em que se reconhece que todo desenvolvimento é feito de nós e de linhas, de tensões e de cores, de urdiduras que se encontram em enredos.

Ingressar nessa *"tramaturgia"* exige preparar o terreno – como quem planta boas cepas em solo fértil para que frutifiquem. Cada ideia é semente, cada palavra é água, cada gesto é cuidado.

A liderança é uma força que habita o ser humano antes mesmo que este se dê conta. Está na criança que media conflitos, no jovem que ousa propor o novo, no profissional que levanta a mão quando ninguém se pronuncia. O potencial está ali, à espera de ser chamado à vida.

Esse despertar começa na escolha de agir, mesmo diante da incerteza. Liderar é interromper o modo mediano e caminhar com clareza de direção, consciente do ponto de partida e responsável pelo ponto de chegada.

Não se trata de magia, mas de fisiologia. Uma intenção elaborada com nitidez, quando vinculada a uma ação concreta, ativa o córtex pré-frontal – região associada à tomada de decisão, ao planejamento e à regulação emocional. Não é apenas desejo; é circuito neural sendo criado, reforçado, consolidado.

Isso não é acaso, é evidência. É a biologia confirmando aquilo que a intuição sempre soube: o movimento genuíno transforma não apenas quem age, mas também o ambiente ao redor.

O desenvolvimento da liderança é, portanto, uma construção aberta a todos os que escolhem conscientemente e intencionalmente trilhar essa escalada. Cada ponto da trama representa a própria elaboração: esperar ou tecer, adiar ou realizar, repetir o conhecido ou expandir o campo do possível e da realização.

A liderança, ponto a ponto, elabora sua *"tramaturgia"* em cinco movimentos: alinhar, bordar, costurar, desatar e entrelaçar. Cada capital é fortalecido ou negligenciado.

No auge do entrelace, esses fios se unem para formar um tecido vivo: resistente, mas flexível e capaz de sustentar tanto crescimento quanto transformação.

Como toda boa trama, há o lado visível, belo, admirável; e há o verso, onde moram os nós que sustentam tudo. Ambos fazem parte da escalada da vida, e ambos são indispensáveis.

# CAPÍTULO 11

# Alinhavar

A intenção surge quando o
incômodo vence a acomodação
e o desejo supera o medo.

Aqui repousa o potencial da liderança. O fio existe, mas não se move. Está presente, mas inativo, silencioso, sem presença verdadeira. Há quem ocupe um cargo, uma posição formal, mas, sem a intenção consciente e a responsabilidade, não passa de aparência.

As tarefas são cumpridas, a agenda é preenchida, os processos são mantidos, mas os capitais permanecem inertes. O capital econômico não gera resultados expressivos, o capital intelectual não é expandido, o capital relacional não se fortalece. Estão ali, mas não impactam. A execução se limita ao que é necessário para manter o funcionamento.

Essa é a fase da liderança latente: o potencial está instalado, mas ainda não foi intencionalmente acessado. É como uma semente guardada, intacta, que carrega a promessa da árvore, mas nunca foi lançada à terra.

Muitos líderes permanecem nesse estado. Uma zona de conforto disfarçada de estabilidade. Mas estabilidade, nesse caso, é apenas uma forma de estagnação. Nada floresce no terreno da comodidade.

O que ativa o potencial é o incômodo. É o instante em que o líder percebe que, embora tudo esteja "funcionando", algo essencial está faltando. Uma inquietação cresce em silêncio. Surge uma pergunta que não se cala: *é só isso que eu desejo?*

Esse é o momento em que o potencial de ação é ativado, despertado. E o despertar não acontece por acaso. Ele é provocado por duas forças: o desconforto e o desejo. Essas forças encontram a força de vontade, mais intensa que o medo de errar. É nesse momento que liderança deixa de ser apenas posição e começa a se tornar intenção.

O alinhavar nasce da intenção de realizar. É o fio que deixa de estar guardado e encontra sua direção. O começo da trama. O início do tecido. O momento em que se escolhe sair do estado de latência para entrar no movimento consciente da ação.

Alinhavar é assumir o compromisso do fazer. É preparar condições para que os outros pontos da *"tramaturgia"* possam existir. Sem esse primeiro gesto, não há bordado, costura ou entrelace. Porque tudo começa aqui: na coragem com que o desejo supera o medo.

# CAPÍTULO 12

# Bordar

Para chegar ao auge, não espere ter certeza,
mas tenha coragem para dar o passo.

Um movimento sutil começa. A inquietação ganha forma. O fio, antes parado, toca outro fio pela primeira vez. Ainda hesitante, quase trêmulo, mas já disposto a sair do isolamento e descobrir outras possibilidades.

Bordar é o gesto inaugural. Não começa com aplausos ou reconhecimento. Começa pequeno, quase invisível, mas dentro dele pulsa algo novo: a vontade de ir além da obrigação.

A linha ainda oscila. Carrega inseguranças, dúvidas, memórias de fracassos, mas também carrega futuro. Cada ponto, por mais simples que pareça, já é uma escolha: permanecer ou seguir tramando.

O capital econômico ainda ocupa boa parte da atenção, voltado ao curto prazo, preso ao placar imediato, como quem assiste de costas ao jogo e espera, ansioso, que os números mudem sozinhos. Mas, silenciosamente, algo mais começa a escalar.

O capital intelectual desperta. Bordar é exercício de aprendizagem: errar o ponto, desfazer e refazer, perceber detalhes, dar identidade ao que antes era apenas linha solta. O bordado inaugura novas perspectivas, porque cada traço revela a intenção de criar algo maior do que a soma dos fios.

Nesse início, já se anuncia o capital relacional. Liderar nunca foi um ato isolado. A sabedoria ancestral se faz presente: ninguém cresce sozinho. A linha precisa do tecido. O líder necessita do outro. A liderança começa a se revelar como vínculo, mesmo que ainda tímido.

É nesse ponto que as oportunidades aparecem. Não como algo externo que surge por acaso, mas como reflexo de um olhar interno que amadurece. O mundo não muda sozinho: é o olhar que se transforma e, ao se transformar, muda o mundo.

O bordar acontece quando o líder passa a enxergar o que antes ignorava, a ouvir o que antes passava despercebido, a reconhecer o valor dos vínculos e das sutilezas. É o momento em que o gesto, ainda que pequeno, começa a dar forma à identidade.

A partir daqui, o tear ganha ritmo, e o que antes era apenas linha solta começa a se tornar bordado. Uma trama que carrega intenção de realizar e relacionar.

# CAPÍTULO 13

# Costurar

A liderança exponencial é tecida
no fio invisível das relações

Agora o líder começa a enxergar a si mesmo e aos outros com mais nitidez. Vê forças e fragilidades, limites e possibilidades. Reconhece no outro não mais um recurso a ser utilizado, mas um aliado a ser valorizado.

Percebe, sobretudo, o impacto que seu potencial exerce sobre as relações, sobre os ambientes, sobre escolhas que reverberam muito além do instante presente. Já não decide apenas por impulso ou reação. As decisões emergem de princípios e valores que sustentam sua identidade.

A costura ganha firmeza. Os pontos se tornam mais seguros, intencionais. O fio não passa apenas por passar: conecta partes, une sentidos, transforma o esboço em uma trama mais consistente.

O capital relacional emerge como fio condutor, sustentando e fortalecendo os demais. Ele se entrelaça ao capital intelectual, porque aprender junto amplia o alcance do que se sabe sozinho. Dá suporte ao capital econômico, porque resultados consistentes se erguem sobre relações consistentes.

Ainda há tropeços, porque crescer envolve desafios. Costurar é a etapa em que a liderança rompe padrões inconscientes e assume escolhas conscientes. É integrar visão e ação, palavra e prática, intenção e ação. É o momento em que a coerência se torna visível.

Quando o líder age com integridade, sua influência deixa de ser circunstancial e se torna transformadora.

# CAPÍTULO 14

# Desatar

O fio que sustenta é vital; o
fio que aprisiona é fatal.

Com o avançar da *"tramaturgia"*, pontos e nós se acumulam, e o líder começa a perceber algo fundamental: nem toda amarra é sustentação. Há nós que dão firmeza ao tecido, mas há outros que, se não forem desatados, se transformam em barreiras que impedem a escalada.

Desatar é discernir. É reconhecer o que precisa permanecer firme e o que precisa ser solto. É entender que alguns fios, embora um dia tenham sido necessários, já não fazem sentido. Continuar preso a eles é aprisionar o futuro no passado.

Esse é o ponto de virada entre o controle e a confiança, entre a repetição e a inovação. O líder que desata nós não acumula poder, e sim distribui. Não apenas transpira esforço, inspira movimento. Deixa o fio correr, sabendo que a trama só permanece viva se há fluxo.

Ao desatar, permite que outros também bordem, costurem e teçam seus caminhos rumo ao auge. O apego cede lugar à confiança, e a liderança se consolida em um processo coletivo. Assim, o capital relacional floresce em confiança, o capital intelectual se amplia pela diversidade de vozes, e o capital econômico ganha fôlego pelo engajamento de muitos.

Mas há algo mais profundo acontecendo: ao soltar os nós que limitam, o líder também solta dentro de si os pesos que impedem a própria expansão. O fio que antes prendia agora libera. O que se revela é um espaço interior, mais leve, mais livre.

Desatar é, no fundo, abrir mão das certezas para experimentar o que ainda não se vê por inteiro, mas os sinais já anunciam. É a coragem da vulnerabilidade, que liberta crenças e apegos.

O futuro é tecido nas bordas daquilo que parecia imutável. O líder que ousa desatar compreende que não cria seguidores, mas, sim, outros líderes, para que a escalada seja conjunta. Sem perceber, a direção já está traçada, além do realizar e relacionar, e a intenção do ser está em curso.

# CAPÍTULO 15

# Entrelaçar

Integrar intenções é o que sustenta
a liderança exponencial.

Quando os nós que limitavam o fluxo são desatados, a trama ganha liberdade para revelar sua plenitude. O fio que já não era linha solta, ponto isolado ou costura parcial agora se entrelaça ainda mais forte, sustentando um tecido vivo, no qual cada parte alimenta a outra, com tudo integrado, nada separado.

A liderança atinge o auge em sua forma mais íntegra: não há mais divisão entre estratégia e cultura, entre resultados e vínculos, entre performance e pertencimento. O líder percebe que o capital econômico floresce porque o capital relacional gera confiança, e que este, por sua vez, é fortalecido pela consistência das estratégias implementadas com o capital intelectual. É um ciclo de retroalimentação, no qual cada capital é fio que dá firmeza aos demais.

Nesse estágio, as intenções também deixam de ser fragmentadas. A intenção de realizar, iniciada nos primeiros alinhavos, já não se limita ao fazer: agora é prática consistente, sustentada por disciplina e propósito. A intenção de relacionar, reforçada nas costuras, se revela como confiança genuína, em que laços humanos sustentam as relações com clientes e colaboradores. A intenção de ser, que despontou no desatar, enfim se manifesta plenamente: um estado de consciência no qual a liderança é presença e coerência.

Entrelaçar é isto: unir forma e essência e integrar as três intenções: ser, relacionar e realizar. É quando cada gesto ganha profundidade, pois está sustentado em quem se é. É quando cada decisão reverbera não só em resultados, mas em sentido. É quando a trama mostra sua beleza pelo lado da frente, mas também revela no verso os nós de sustentação, e ambos são igualmente necessários.

As intenções vitais da liderança representam um chamado prático, urgente e transformador. Essa liderança não atinge o auge por acaso. Ela é a escalada prática, consolidada pela experiência e elevada pela consciência. É crescimento que não separa o humano do profissional, da vida e do trabalho. É quando o potencial de ação individual se converte em potencial de ação coletivo, e o tecido inteiro ganha força e beleza. De dentro para fora. Do invisível ao tangível. Do potencial ao exponencial. A sublime escalada não está apenas no que você faz, mas no que você se torna quando ousa entrelaçar tudo o que é, tudo o que sabe e tudo o que compartilha.

Na *"tramaturgia"* da escalada, a jornada começa no meio da montanha e carrega dentro de si um desejo de realizar mais, que exige apoio: antes de conquistar a altura desejada, o líder percebe que precisa se relacionar mais, pois toda realização sólida é sustentada por vínculos consistentes. No entrelace final, compreende que o fundamento último da escalada é o ser. Somente quem se desenvolve como ser pode integrar o realizar e o relacionar.

A narrativa descreve o movimento natural do líder que parte do estado mediano em busca de realização. Para sua escalada, uma nova ordem é proposta. Ela não é contraditória, mas reveladora. No desenvolvimento da sua liderança exponencial, a sequência é invertida: primeiro o ser, depois o relacionar e, por fim, o realizar em níveis mais consistentes e exponenciais. Essa diferença é essencial.

O desenvolvimento aponta para a escalada: ser → relacionar → realizar. É no ser que propósito, presença, aprendizagem, coerência e adaptação são constituídos como bases sólidas. É no realizar que presença, comunicação, influência, conexão e servidão se fortalecem para o melhor realizar, com mensuração, priorização, execução e celebração.

A liderança exponencial não se limita a subir a montanha; ela aprende que o ponto de partida e de chegada é sempre o ser, que se amplia ao longo do caminho e dá sentido a toda escalada.

E se o verdadeiro limite para o seu salto exponencial não estiver no que você faz, mas em quem você escolhe ser?

# PARTE IV

# INTENÇÃO DE SER

A liderança exponencial emerge da essência, e tudo começa antes de iniciar.

Antes de qualquer decisão, ação ou movimento da liderança... existe um ponto invisível, mas absolutamente determinante: quem você é.

A liderança não nasce com o trabalho ou com o conhecimento, nasce nos porões do encéfalo. Nasce na intenção, e a primeira de todas é *ser*.

*Ser* não é um estado fixo. É um processo dinâmico. É um movimento que envolve propósito, presença, aprendizagem, coerência e adaptação. É sobre sustentar, dentro de si, a clareza das razões pelas quais você se levanta todos os dias, se mantém inteiro diante do caos, cresce com os próprios desafios e faz da própria vida uma expressão alinhada entre o que se pensa, o que se diz e o que se faz.

Sorte? Sim. Mas não aquela que depende do acaso. Sorte é o que acontece quando quem você é se alinha com as oportunidades que o mundo oferece. É o estado de atenção e presença, de prontidão, do autoconhecimento, da flexibilidade e da coragem.

Quem é inteiro atrai. Quem é presente percebe. Quem é coerente influencia. Quem está em evolução permanece. Mas é fundamental compreender que não se trata de perfeição. É sobre assumir, sem se isentar, que tudo o que você realiza no mundo e todos os resultados que você colhe são consequência direta de quem você escolheu ser, conscientemente ou não. É isso que forma as redes neurais e se transforma em ação concreta.

O que vem agora é um mergulho em camadas que talvez você nunca tenha explorado por completo. Propósito, para que seu rumo não seja definido pelo acaso. Presença, para que cada momento tenha o peso e a entrega que merecem. Aprendizagem, para que sua visão não se aprisione ao que já sabe. Coerência, para que suas decisões resistam aos testes que importam. Adaptação, para que, diante do impacto, você não apenas resista, mas se reinvente.

E se a sua melhor versão de liderança estiver na forma como todos esses elementos se entrelaçam, moldando o que você faz e expressando quem você é?

# CAPÍTULO 16

# Propósito

## Sentido e direção

A liderança exponencial vive um "para que".

Nenhum vento é favorável para quem não sabe o destino que deseja alcançar, dizia Sêneca. Mas quem decide liderar a si mesmo, seu desenvolvimento, suas escolhas e relações, precisa ir além da pergunta "aonde quero chegar?". O verdadeiro movimento começa quando se pergunta "para que quero chegar?".

Essa é a pergunta que orienta e ilumina. O propósito não é um mantra motivacional, tampouco uma frase de impacto. Surge da essência e se alimenta da escuta interior, pulsa nas sinapses mais profundas e se fortalece à medida que se transforma em ação concreta para realizar o compromisso assumido.

Há quem tente definir o propósito como um exercício intelectual, mas não se trata apenas de uma elaboração, é um encontro. É menos uma construção da mente e mais uma revelação da alma. Ele brota quando a história se cruza com os dons e talentos, entrelaçando-se com as dores do mundo que está disposto a aliviar.

Viver sem propósito é caminhar com o GPS interno desligado. Você acorda, trabalha, decide... mas falta costura entre os dias. Falta aquele fio invisível que conecta as tarefas à vocação e transforma as atividades em trabalho significativo.

Sim, às vezes a sorte parece ajudar. Mas, aqui, sorte não é acaso: é coerência em movimento. Sorte é ter o encéfalo em estado de atenção plena, pronto para reconhecer caminhos quando intenção e ação estão alinhadas. É neuroplasticidade dirigida pela evidência revelada.

Quem é dirigido pelo próprio ego não lidera: manda e comanda. Já o propósito exige alteridade. Ele se concretiza no espaço entre você e o outro, talento e demanda, intenção e impacto.

Propósito não é aquilo que faz sentido só para você. Isto é preferência. Propósito é o que transforma sentido pessoal em contribuição coletiva. Ele nasce quando o que move as pessoas encontra uma necessidade real do mundo. Ele arde quando a energia interior de cada um encontra uma oportunidade de servir e se torna pleno quando propósito pessoal se funde com propósito organizacional.

Se a intenção se revela na ação, o propósito precisa se tornar presença, visibilidade e sentido. Está nos detalhes da escuta, no olhar que acolhe, nas decisões que sustentam valores. Está no modo como você inicia o dia, como conduz uma reunião, como lida com conflitos ou celebra conquistas. O propósito se comunica na coerência silenciosa entre o que se pensa, sente e faz, e se sustenta em sua constância.

Vivemos tempos em que as pessoas não carecem de ocupações, mas de sentido. Há excesso de movimento e falta de direção. É por isso que o propósito cura, pois reorganiza o campo interno, devolve clareza, gera contentamento e ajuda a suportar as incertezas.

Propósito não é sobre o que você já fez, mas sobre o que ainda pode realizar. O currículo conta o que passou. O propósito projeta o que virá. Ele não se baseia em títulos e tem mais potência do que o passado. Curiosamente, muitas vezes só se revela no caminho, não no ponto de partida.

Goethe dizia: "No momento em que a pessoa realmente assume um compromisso, a providência também se põe em movimento". E assim é. O encéfalo, quando percebe direção clara, mobiliza seus recursos cognitivos e emocionais para seguir com mais foco e criatividade. A atenção molda o que será registrado na memória. A decisão reorganiza redes neurais. E o universo, interno e externo, responde.

Um propósito extraordinário se manifesta no ordinário, tanto na conversa breve no corredor quanto na tomada de decisão sensível, no silêncio antes de uma fala difícil. Ele habita o cotidiano com presença. Revela-se no magnetismo relacional, na clareza estratégica, no entusiasmo que contagia.

Quando há propósito, há entrega. Junto com a entrega há capital humano sendo cultivado, o relacional que inspira e o intelectual que orienta. O econômico, neste ponto, é consequência e fruto natural de uma árvore bem enraizada.

O propósito é, em sua essência, uma declaração de amor à vida. Não é ponto de chegada, mas portal para novas partidas. Não exige cenário perfeito, apenas a chama acesa de quem se compromete com o que verdadeiramente importa.

Porque a liderança exponencial não se limita aos indicadores do capital econômico. Ela se abastece no propósito do ser e vive com um "para que" presente, ardente e pulsante.

# CAPÍTULO 17

# Presença

## Atenção e entrega

A liderança exponencial vive a
inteireza no aqui e agora.

Você só lidera o que habita. Corpo, mente e alma afinados em um mesmo compasso. Liderar exige presença viva, mais do que presença física.

A vida só acontece no presente. Quando a atenção se dispersa entre os resíduos do passado e as projeções do futuro, o tempo real se desfaz. E, com ele, esvazia-se a oportunidade de agir com intencionalidade. O corpo pode estar na sala de reunião, mas a liderança exponencial, não.

Presença é escolha, uma decisão consciente de sair do modo mediano. É escolher não apenas estar, mas ser inteiro no que se vive. Quem se faz presente transforma. A simples qualidade da presença modifica o ambiente: conecta, escuta, acalma, fortalece.

A presença antecede as palavras. É sentida no olhar que acolhe, na escuta que não interrompe, na atenção que não julga, cria um campo de confiança. Em um campo fértil de ideias, vínculos se consolidam e o outro sente que recebe atenção, interesse e amor. Isso é capital relacional em sua forma mais genuína.

O contrário também fala alto. A ausência, mesmo sutil, quebra elos invisíveis. Está no celular que interrompe, na resposta apressada, no olhar que vagueia. A ausência desconecta, os capitais se enfraquecem: o intelectual se dispersa, o relacional se rompe, o econômico se fragiliza.

A neurociência revela que o encéfalo responde à presença com liberação de neurotransmissores como serotonina e oxitocina, ativando estados de bem-estar e sensação de felicidade. O oposto também é verdade: a percepção de ausência gera ativação do sistema de defesa, alimentando desconfiança e retração emocional, e, o pior, liberando noradrenalina no encéfalo e adrenalina nos tecidos periféricos. Por isso, presença é mais do que postura, é fisiologia em estado de atenção. É plasticidade neural sendo construída em tempo real.

Curiosamente, é na presença que a verdadeira sorte se revela. Porque quem está presente percebe o que os distraídos ignoram: o detalhe na fala, a hesitação no gesto, a oportunidade no silêncio. Sorte? Não. É percepção aguçada.

Mas presença também é estar consigo. Estar presente para o outro começa com a coragem de habitar a si mesmo. Reencontrar-se em meio ao ruído, reconhecer pensamentos, respeitar os próprios limites. Às vezes, o silêncio revela mais do que mil palavras. Às vezes, a pausa é o verdadeiro movimento.

Presença é treino e prática diária. É transformar o cotidiano em oportunidade de inteireza. É tornar o café, a reunião, o e-mail ou a escuta... sagrados. É devolver densidade à experiência e profundidade aos encontros, e, com isso, reconstruir significado em tudo o que se faz.

É neste ponto que a liderança exponencial se mostra: no detalhe de quem percebe o invisível e age no visível. Só quem está verdadeiramente presente vê o que precisa ser visto, diz o que precisa ser dito e cala com sabedoria.

A presença é o palco da ação que se torna influência, e a influência se torna legado. Estar presente é mais do que estar. É tornar-se presente e ser um presente para o outro, para a vida, para o tempo que nos foi dado.

Afinal, entre todas as competências da liderança exponencial, nenhuma, talvez, seja tão humana quanto esta: a arte de se fazer verdadeiramente presente.

# CAPÍTULO 18

# Aprendizagem

## Consciência e competência

Quem sabe, aprende!

Ou expandimos consciência e competência ou somos sutilmente tragados pela letargia. Evoluir é mais do que crescer, é transformar o olhar, refinar as ações, ativar o potencial. A verdadeira evolução não se resume a colecionar técnicas ou ferramentas. Ela se inicia quando somos desafiados a enxergar não apenas o mundo, mas a nós mesmos. O estado de consciência é o ponto de virada. É por ela que percebemos, compreendemos, sentimos, escolhemos.

Expandir a consciência é acessar o que antes estava inacessível. É ver o que estava na sombra, captar o que era sutil, decifrar o invisível nas relações, nas decisões, nos padrões que se repetem.

A neurociência já demonstra que, quando a intenção está ativa, maior é a capacidade de integrar informação, interpretar contextos e reconfigurar rotas. A consciência não apenas observa: ela transforma. É por isso que a consciência precede a mudança vital. O córtex é o ponto mais alto do intelecto humano, assim como a consciência é o ponto mais alto de nossa evolução. Mas só perceber isso não basta. É preciso traduzir em ação. E é aí que nasce a competência. Competência não é acúmulo, é coerência entre saber e fazer. Entre intenção e entrega. Liderança exponencial se sustenta neste fluxo: perceber melhor para agir melhor. Agir melhor para expandir ainda mais a percepção. Um ciclo virtuoso de evolução contínua.

Evoluir não é linear e nem sempre é confortável. À medida que a consciência se expande, incoerências emergem. Elas não surgem do nada, apenas deixam de ser ignoradas. O que antes era velado torna-se revelado e exige uma escolha.

Assumir esse desalinho não é fraqueza, mas força. Admitir que ainda há o que ajustar é, em si, um gesto de evolução. É reconhecer que somos seres inacabados. Como ensina a sabedoria antiga: a mesma substância pode ser remédio que cura ou veneno que mata. O que define o resultado não é o insumo, mas a forma e a dosagem.

Aprender desconstrói. Questiona. Mexe com verdades. Por isso, tantos resistem. Pode ser mais confortável repetir do que reaprender. Mas sem travessia não há destino. Sem desconforto não há salto. Aprender é abrir mão de versões antigas, para que novas possam emergir.

Porém, há diferença entre aprendizado e aprendizagem. O primeiro ocupa a mente; o segundo, a alma. Aprendizado é acúmulo. Aprendizagem é incorporação. Evoluir exige ambos: ampliar o saber e refinar o ser. E, assim, conhecer mais para ser mais.

O encéfalo, com sua neuroplasticidade, responde ao novo com expansão sináptica, reconfiguração de padrões e abertura de possibilidades. O aprendizado modifica circuitos, e a aprendizagem transforma identidades. Evoluir é deixar a ignorância e a impotência darem lugar à potência.

Ninguém lidera além da própria consciência ou realiza além da própria competência. Quem não se expande limita-se. Quem não evolui empobrece os ambientes que deveria fortalecer.

A expansão não altera, necessariamente, o mundo ao redor. Mas muda o olhar. Quando o olhar muda, tudo muda. É a luz que redesenha os contornos da realidade. O cenário permanece o mesmo, mas sua forma de habitar esse cenário é transformada.

É aí que desejo e propósito se alinham. O desejo pulsa de dentro. O propósito vibra para fora. Um é impulso vital. Juntos, compõem a música única de uma existência significativa.

É nesse encontro que se rompe a ideia de que a sorte escolhe alguns. Não é sorte, é consciência cultivada. É evidência revelada no comportamento.

No fim, a verdadeira liderança é um movimento contínuo. Evoluir não é um capítulo, mas o próprio enredo. É a escolha de viver como um eterno aprendiz.

A liderança exponencial é, no fundo, uma declaração viva de que ainda não estamos prontos, e que, justamente por isso, estamos prontos para crescer.

# CAPÍTULO 19

# Coerência

## Discurso e prática

A liderança exponencial alinha
pensar, sentir e agir.

Se a intenção se revela na ação, então a coerência é o terreno que essa revelação floresce, ou murcha. Não há nada mais estridente do que uma liderança incoerente. A palavra pode soar bonita, o discurso pode parecer bem estruturado, mas, se a prática não acompanha, o ruído da contradição é inevitável.

A incoerência não precisa ser explícita para ser percebida. O potente encéfalo está equipado para detectar dissonâncias e incongruências, por isso capta rapidamente os sinais desalinhados. A confiança, base de sustentação do capital relacional, começa a se desfazer.

Coerência não é uma característica estética; é ética. É o compromisso do líder em alinhar pensamentos, sentimentos e comportamentos. Não se trata de ser perfeito, mas de ser íntegro. De sustentar uma verdade íntima que se traduz em escolhas visíveis. Coerência é quando a intenção pulsa por dentro e se manifesta por fora, com autenticidade.

Ela exige coragem. Coragem para dizer não ao que seduz. Coragem para sustentar valores diante da pressão. Coragem para ajustar a rota quando necessário, sem perder o ponto de partida, tampouco a direção de si mesmo.

A liderança que busca coerência compreende que seu valor não está na imagem que projeta, mas na integridade que pratica. Valores não são adornos em murais institucionais; são raízes que brotam decisões. Quando há coerência entre o que se declara e o que se entrega, nasce a confiança, esse elo que une pessoas, projetos e propósitos.

É isso que gera magnetismo: a força silenciosa de quem vive alinhado. A neurociência explica que essa coerência entre discurso e ação ativa o sistema de recompensa no outro, gerando sensações de segurança e previsibilidade. Confiança não é passageira, é uma construção sináptica. E, uma vez formada, é ela quem sustenta vínculos duradouros, com clientes, com colaboradores, com parceiros. Confiança representa um *hub* que deriva vertentes da segurança, bem-estar e esperança.

Já a incoerência é corrosiva e contagiosa. O líder incoerente gera cinismo, desengajamento, silêncio e hesitação nas iniciativas. Os talentos se retraem. Os laços se afrouxam, e os resultados, inevitavelmente, são impactados.

Por isso, coerência é outro pilar que sustenta o capital relacional, alimenta o capital intelectual com discernimento prático e impacta, como consequência, o capital econômico. Uma empresa pode ter metas claras e estratégias bem desenhadas. Mas, se falta coerência, o sistema perde tração.

Coerência não é rigidez. Não exige ser o mesmo sempre. Exige ser verdadeiro sempre. É a capacidade de mudar com consciência, comunicar com clareza e agir com integridade. Mudanças de rota não abalam uma liderança coerente, porque a bússola não está nas circunstâncias, mas nos princípios e valores.

Quando há coerência, o ambiente ganha previsibilidade afetiva e moral. Isso favorece a aprendizagem, amplia a segurança psicológica e estimula a inovação. A coerência é a mãe da confiança e a guardiã do pertencimento.

É nesse tear que o acaso encontra direção. Não é sorte, é a colheita natural de quem se alinha à integridade. Nesse entrelaçar de escolhas e valores, a sorte deixa de ser um acaso e passa a ser a sincronia entre intenção e consistência. É a evidência que se revela na ação prática e constante.

No fim, a coerência não se prova; ela se comprova. Está nos pequenos grandes gestos do cuidado com as palavras, na escuta ativa, nas decisões éticas, nas renúncias acertadas.

Liderar com coerência é ser uma ponte entre o que se promete e o que se entrega. É inspirar não pelo tom da voz, mas pelo tom da ação. É transformar o discurso em prática diária. É oferecer ao outro um lugar seguro para existir, contribuir e crescer.

# CAPÍTULO 20

# Adaptação

## Fortalecimento e expansão

A liderança exponencial se
fortalece diante dos desafios

Viver exige resiliência. Liderar, então, exige ainda mais. Porque liderar é atravessar incertezas, lidar com decisões urgentes, conviver com seres humanos em sua instabilidade e suportar pressões invisíveis. Não há jornada de liderança sem intempéries – internas ou externas. Porém, é comum confundir resiliência com resistência. Resistir é suportar, é permanecer de pé custe o que custar. Resistência é sobrevivência. Resiliência, em sua primeira acepção, é voltar ao estado inicial, recompor-se. Mas liderança não permite retorno. Cada crise deixa marcas, aprendizagens e músculos novos.

É por isso que, na liderança, a resiliência é necessária, mas não suficiente. Mais do que voltar ao ponto de partida, a verdadeira força está na adaptação, na capacidade de se expandir e se fortalecer a cada ruptura.

A ciência explica: o cérebro, ao enfrentar desafios, ativa sua plasticidade, cria novos circuitos, amplia conexões e fortalece redes de superação. A adversidade pode ser o gatilho para a criatividade, para o discernimento e para decisões mais sábias. Esse processo é mais do que resiliência. Ele se aproxima do conceito da *antifragilidade*: não apenas resistir ao impacto, mas transformar o impacto em crescimento.

É como o bambu, que se curva ao vento sem se quebrar, pois tem raiz e centro. Mas a adaptação vai além: o bambu não apenas resiste: ele cresce, alarga sua base, expande sua copa e se fortalece em cada estação.

É nesse sentido que o líder se revela: não quando espera a calmaria para agir, mas quando mergulha em meio à tormenta e dali emerge com mais clareza de propósito, mais musculatura emocional e mais sabedoria para orientar.

A adaptabilidade não nega a dor nem idealiza a crise, mas atravessa com determinação. Reconhece que todo desafio traz consigo um convite de expansão. Cada pressão exige desapego, reinvenção e novas respostas. Cada travessia bem-feita transforma vulnerabilidade em desejo de superação. Na adversidade, os talentos latentes são ativados.

A adaptabilidade exige movimento, desapego, reinvenção. Por isso, se a intenção se revela na ação, transforma crise em clareza, desafio em energia e cicatriz em sabedoria. Quando essa transformação acontece, o líder não apenas segue, ele se fortalece. Torna-se mais apto ainda a sustentar não só os próprios desafios, mas também a inspirar outros a atravessarem os seus. E essa é, talvez, a maior entrega da liderança: tornar-se referência de possibilidades.

No tear invisível que entrelaça os fios do ser, a sorte deixa de ser acaso. Não é sorte, é neuroevidência revelada. É a resposta do mundo a quem lidera com eixo, flexibilidade e intenção. Porque quem atravessa, cresce. E quem cresce, sustenta. E quem sustenta, transforma. E se o impulso da liderança exponencial não estiver apenas em quem você é, mas nas relações que cria e fortalece? Então, que tal avançar para a intenção de relacionar?

# PARTE V

# INTENÇÃO DE RELACIONAR

A liderança exponencial se
concretiza no encontro.

Se o princípio é a intenção de ser, o desdobramento natural de todo ser humano é se relacionar. Somos seres relacionais, feitos para o vínculo. Desde os primeiros momentos da vida, é no convívio com o outro que nos reconhecemos. Ao longo da jornada, é na troca com o outro que nos tornamos mais conscientes e mais capazes.

Relacionar é interagir e dialogar, é reconhecer o outro como legítimo sujeito da existência e valorizar os entrelaces que estabelecemos com ele. É ter sensibilidade para perceber sem julgar e estar consciente de que toda percepção é filtrada por crenças, histórias e experiências. É comunicar, entendendo que a escuta molda a qualidade da expressão e que cada palavra, gesto e silêncio carrega intenções. É influenciar com desejo genuíno de contribuir, reconhecendo que todo líder inspira ou desanima, orienta ou confunde. É servir com humildade, colocando-se a serviço e criando condições para que outros avancem em suas escaladas.

Por muito tempo, práticas de gestão confundiram adestramento com liderança. Regras e recompensas foram vistas como eficazes para conduzir pessoas. Porém, essa prática já não se sustenta no mundo exponencial. A gestão humanizada não se faz com controle disfarçado de estímulo. Ela começa quando colocamos o ser humano em sua posição original: sujeito da ação, protagonista e portador de sentido.

E é exatamente aí que a intenção de se relacionar se revela como fundamento. Porque gente tem desejo e potência de realizar. Gente tem fome de significado. O ser humano não se satisfaz apenas com tarefas cumpridas, mas com sentido partilhado, e só se sente parte quem se sente conhecido e reconhecido.

Relacionar-se é lembrar que cada pessoa que cruza nosso caminho carrega uma história, uma vulnerabilidade, uma intenção. A liderança exponencial se faz nesse terreno fértil, em que a escuta é mais importante que a resposta, a presença vale mais que o discurso e o silêncio atento pode ser mais potente do que qualquer palavra.

Quando as relações são seguras, o encéfalo reconhece e responde com a ativação do córtex cingulado anterior, um *hub* que dissemina para outras circuitarias o bem-estar (hipotálamo), os vínculos (núcleos subtalâmicos), a coragem (amígdala) e as decisões ponderadas (córtex executivo). Criar e fortalecer vínculos de confiança ativa sistemas que despertam o melhor do potencial cognitivo. Relacionar-se bem não é apenas belo, é biologicamente saudável.

A ciência oferece uma chave ainda mais profunda para entender essa força relacional. O sistema de neurônios-espelho, descoberto há não muito tempo, mostra que, ao observarmos uma ação ou uma emoção em outra pessoa, ativamos em nosso encéfalo os mesmos circuitos que seriam ativados se estivéssemos nós mesmos realizando ou sentindo aquilo. O comportamento do outro se torna um espelho que molda o nosso.

No exercício da liderança, isso significa que, quando um líder demonstra confiança, empatia, acolhimento e autenticidade, esses gestos não apenas são percebidos, mas vivenciados pela equipe. Isso cria ressonância emocional e disposição recíproca. A neurociência chama isso de contágio empático, também conhecido como teoria da mente.

A reciprocidade, portanto, não é apenas uma construção social, é uma experiência neural. Sentimos vontade de retribuir a escuta genuína, o sorriso verdadeiro, o respeito recebido, porque nosso encéfalo reage ao comportamento do outro. Isso envolve não só os neurônios-espelho, mas estruturas como a amígdala, o córtex pré-frontal medial e a ínsula anterior.

É nesse campo relacional que os três capitais se entrelaçam de forma viva: o capital econômico ganha consistência, pois as relações são o caminho da entrega e do resultado; o capital intelectual floresce, porque ideias se multiplicam quando há confiança; e o capital relacional, por si só, é nutrido, expande-se e se torna o grande diferencial sustentável em qualquer organização.

A intenção de nos relacionar nos convida a abandonar a pretensão de controle e a cultivar a escuta e o compartilhamento. É o gesto que acolhe, o olhar que conecta e a palavra que aproxima. É o espaço em que o líder deixa de ser autoridade e se torna referência, deixa de ser comando e passa a ser cuidado.

Liderar é relacionar-se com o mundo a partir de um estado de consciência relacional. É criar um ambiente em que as pessoas não apenas produzam, mas pertençam, sintam-se importantes e não apenas entreguem coisas, mas entreguem partes de si. É a entrega efetiva do capital relacional em ação.

Relacionar-se é reconhecer a humanidade no outro. Toda liderança que ignora essa dimensão está fadada a ser apenas uma chefia mediana. Porque a liderança exponencial não manda nem comanda: convida, conecta, convive e constrói junto. O exercício da liderança que se revela na ação se manifesta antes na relação, na forma como se cruzam olhares, no modo como se responde a uma pergunta ou se conduz uma conversa difícil.

É nessa qualidade de relação que o acaso dá lugar à consequência. Não é sorte, é empatia e reciprocidade revelada no espelho neural. É o que acontece quando mentes e corações se entrelaçam na intenção genuína do bem comum. É nesse entrelaçamento que surgem novas formas de perceber, comunicar, influenciar, conectar e servir, e cada uma dessas ações será, a partir de agora, explorada para que você descubra como transformar relações em um ativo de valor da liderança.

# CAPÍTULO 21

# Percepção

## Crenças e julgamento

A liderança exponencial não apenas vê com os olhos, mas também enxerga com a consciência.

Imagine que seus olhos fossem apenas instrumentos ópticos. Eles captam formas, cores e volumes, mas não compreendem. O entendimento acontece em outro lugar: nos circuitos que armazenam experiências, memórias, emoções e crenças. Lá, tudo se entrelaça, e é nesse território silencioso do encéfalo que o mundo se torna legível, ou distorcido. E é justamente nesse espaço que reside tanto o maior risco quanto a maior potência humana. Afinal, não vemos o mundo como ele é, mas de acordo com uma percepção muito particular, menos espelho e mais filtro.

O maior desafio do líder não é ver, é interpretar sem distorcer. É aqui que a ciência encontra a prática dos circuitos mentais ativados por experiências consolidadas, que moldam o que notamos, o que ignoramos, o que interpretamos como ameaça ou oportunidade, o chamado modelo mental. E, de modo ainda mais sutil, esses circuitos mentais ativados definem o que decidimos considerar verdade.

Três disfunções principais sabotam a percepção de forma quase invisível. A primeira delas é a pressa: a necessidade inconsciente de concluir antes de observar. Com poucas informações, já se sentencia: "esse colaborador não vai se adaptar", ou "esse cliente é difícil". A primeira impressão se cristaliza e tende a virar profecia: você vê o que espera ver, ouve o que já decidiu ouvir e reage ao que concluiu, não ao que de fato está acontecendo.

A segunda disfunção é a projeção: enxergar no outro aquilo que não queremos reconhecer em nós mesmos. É a mediocridade em ação, disfarçada de julgamento. O inseguro enxerga ameaça em toda crítica; o controlador acusa os outros de resistência; o que teme o conflito rotula o outro de agressivo. Projetar é usar o outro como tela das próprias narrativas. Por isso, um traço essencial da liderança exponencial é perguntar-se antes de interpretar: *o que disso é meu?*

A terceira disfunção é o preconceito: o julgamento sem conhecimento, apoiado em generalizações, crenças herdadas e atalhos mentais que buscam proteger o ego.

O antídoto contra essas três disfunções é um só: interesse. Onde há interesse genuíno, não há pressa. Onde há interesse em autoconhecimento, não há projeção. Onde há interesse verdadeiro pelo outro, não há espaço para preconceito. A baixa curiosidade multiplica rótulos e transforma a escuta em protocolo. Mas a atenção real abre espaço para perceber o outro em sua legitimidade.

A percepção é inseparável das crenças que a moldam. E crenças não são verdades absolutas, são apenas mapas provisórios. Algumas fortalecem, outras aprisionam. As limitantes funcionam como miragens: distorcem a realidade e sabotam a ação. Liderar com essas lentes é como usar óculos de grau inadequados: tudo fica desfocado, sobretudo as pessoas.

Sob o efeito dessas miragens, o capital relacional se deteriora. O líder evita conversas difíceis, interpreta contribuições como ameaças, ergue barreiras que desmotivam. É nesse ponto que a evasão emocional começa. Não quando as pessoas vão embora, mas quando param de se importar.

A liderança exponencial desenvolve outra química, com curiosidade e intencionalidade. Atualizar a forma de ver é atualizar a forma de ser. E só vê com clareza quem se dispõe a limpar os próprios óculos antes de apontar para o outro.

A pergunta que sustenta essa nova percepção não é *o que está errado aqui?*, mas o *que eu ainda não compreendi?* Essa é a diferença entre as distorções e o discernimento. O primeiro conclui, o segundo investiga.

E o curioso é que, quando a percepção se afina, o acaso ganha forma, e, mais uma vez, não é sorte, é evidência revelada. É o resultado da intencionalidade de uma liderança que está desperta e atenta para interpretar o mundo com menos ruído. Porque quem lidera a si mesmo, começando por refinar seu olhar da realidade, ressignifica e transforma seu mundo.

# CAPÍTULO 22

# Comunicação

## Expressão e escuta

A liderança exponencial diz o
que é difícil dizer e escuta o que
ainda não foi verbalizado.

A comunicação é o pulso da liderança exponencial. Vai além do que se diz; transforma o entendimento compartilhado em conexão real, em campo vivo de sentido. Palavras têm força e significados, peso e alcance. Não é a eloquência que sustenta a liderança, mas a qualidade dos entrelaces que ela constrói a cada diálogo.

Muitos líderes se orgulham da própria oratória. Falam bem, convencem, impressionam. Mas a liderança exponencial não repousa apenas na habilidade de dizer, mas, sim, na disposição de escutar. A "escutatória" é um gesto muitas vezes invisível, que se torna uma das mais elevadas expressões de autoridade humana. Ela é a expressão viva do capital relacional, porque só escuta de verdade quem se importa de verdade, quem valoriza, quem considera o outro sujeito, jamais objeto.

A escuta ativa não é técnica. É presença emocional. Exige coragem para silenciar o próprio ego e acolher o que o outro tem a dizer, ainda que seja desconfortável. Exige também discernimento para escutar o que ainda não foi dito, o que está nos silêncios, nas entrelinhas, nos gestos. Escutar é validar a existência do outro, mesmo quando há discordância. E validar é um dos maiores antídotos contra a evasão emocional.

Em um mundo corporativo ruidoso, em que há pressa para responder antes mesmo de compreender, escutar tornou-se um ato revolucionário. A escuta é a sustentação da liderança que deseja gerar impacto, porque sem escuta não há relação, e, sem relação, todos os capitais se perdem.

Não há liderança se não há conversas que importam. Especialmente as difíceis, as que evitamos, as que protelamos até que seja tarde demais. Conversas difíceis não são problemas, são recursos que evitam rupturas, espaços que previnem ressentimentos, caminho em que trafega a confiança. Evitá-las pode parecer mais confortável, mas cobra um preço alto: o enfraquecimento silencioso da confiança. Isso vale tanto para as relações com as equipes quanto nas relações com os clientes.

Falar com verdade é mais do que verbalizar opiniões. É ser claro e objetivo. É apontar comportamentos e impactos, não falar da pessoa, mas sobre suas atitudes. É nomear o que precisa ser dito, sem escudo nem exagero. A comunicação nasce da coragem de trazer à tona, com respeito, o que incomoda e, sobretudo, da decisão de fazer isso antes que vire ruído.

É nesse ponto que a neurociência lança luz, pois, quando nos sentimos julgados, circuitos de defesa são naturalmente ativados. A amígdala dispara como se houvesse ameaça real, mesmo que a ameaça seja uma crítica mal formulada. Por isso, a forma como nos comunicamos é tão determinante quanto o conteúdo. Liderar é, muitas vezes, regular o ambiente emocional de um time, cultivando segurança para que o diálogo seja de alto valor.

A expressão do líder que comunica bem é congruente e, mesmo no silêncio, há mensagem. Em equipes de alta performance, percebe-se algo em comum: não há medo de falar, porque todos sabem que serão ouvidos com interesse. São ambientes em que a comunicação se tornou uma via de expansão de ideias, de emoções e de possibilidades.

A liderança exponencial cuida do território com cada pessoa da sua equipe. Empenha-se para manter a clareza como prática, a escuta como postura e a comunicação como campo de construção relacional.

Sim, às vezes a sorte ajuda. Mas aqui, novamente, sorte é sintonia. É quando a comunicação encontra o ponto certo, a hora certa, o tom certo, e a reciprocidade, mais uma vez, é revelada. Como consequência natural, surge uma liderança exponencial que mantém uma qualidade de diálogo com o que importa, com quem importa, do jeito que importa.

# CAPÍTULO 23

# Influência

## Orientação e inspiração

A liderança exponencial incandesce
no outro um fogo que ele já carrega,
mas talvez ainda não saiba.

Influência não é carisma, é conexão. Ela se manifesta na vibração sutil de uma presença que transforma, em um gesto que direciona, em uma palavra que ressoa mais fundo do que aparenta. A verdadeira influência é percebida pela *embodied cognition*, a cognição incorporada. A liderança exponencial não se define pelo espaço que ocupa, mas pelo espaço que abre.

A influência não nasce de fórmulas prontas, mas de coerência vivida. Isso exige que as palavras do líder estejam alinhadas ao seu comportamento e, mais ainda, ao que ele transmite. Um líder influencia quando sua própria vida se torna orientação, quando sua forma de ser comunica mais do que qualquer discurso, e seu exemplo soa mais alto que suas palavras. O capital relacional ganha força por meio da influência que reverbera.

Se a intenção se revela na ação, a influência se revela na repercussão: o que permanece ecoando nas decisões dos outros depois que a liderança sai da sala? Que ideias foram plantadas por uma simples escuta? Que coragem o líder despertou com um olhar encorajador?

Somos naturalmente empáticos aos estados emocionais, e os achados dos neurônios-espelho comprovam que, inconscientemente, captamos os sinais do outro. Um líder ansioso contagia tensão. Um líder centrado transmite estabilidade. Influência é isso: um campo de energia que se comunica além das palavras, um reflexo que revela ao outro mais potência do que ele mesmo imaginava ter.

Nas rotinas organizacionais, essa influência se manifesta nos detalhes: na forma como se lida com os erros ou na presença nos momentos críticos. E torna-se ainda mais evidente nas crises, pois é quando tudo parece desabar que os líderes verdadeiramente influentes acolhem, organizam e acalmam. Não são protagonistas do caos, mas guardiões do sentido.

Influenciar é inspirar, orientar e trazer clareza quando o ambiente está turbulento. É lembrar que o trabalho pode, sim, ser um território de desempenho, e não apenas de esforço.

Uma equipe não se entrega de verdade por obrigação. Entrega-se por confiança, por inspiração e por pertencimento. Quando desejos pessoais e coletivos se entrelaçam, nasce uma energia que não se compra: nasce o comprometimento com alma.

É essa influência que pulsa nos bastidores – tanto das tragédias quanto dos carnavais, e também nas viradas de jogo. O tempo é curto, mas o senso de presença é longo. A conexão é genuína, e o impacto coletivo, visceral. E então algo grandioso acontece: as pessoas agem não porque precisam, mas porque querem, porque se sentem convocadas e sabem que são importantes.

No fim, o que permanece não são os slides das apresentações. São os gestos sutis, porém significativos, que inspiraram. São como faíscas que, em algum momento, acenderam coragem. São os vínculos que ampliaram visões, libertaram talentos e despertaram potências. É nesse campo fértil que a influência manifesta a energia psíquica compartilhada. É quando um líder acende no outro a centelha que, por vezes, estava prestes a se apagar.

# CAPÍTULO 24

# Conexão

## Confiança e pertencimento

A liderança exponencial cria um espaço
em que se pode existir por inteiro.

Vínculos genuínos são tecidos com presença, escuta, verdade e confiança. Essa é a conexão que acessa o potencial mais profundo de crescimento em uma equipe de trabalho.

Conexão é o que acontece quando alguém se sente seguro para ser quem é, sem a necessidade de provar nada a ninguém. É a experiência de pertencimento que não se impõe pela hierarquia, mas que floresce pela qualidade da relação. Onde há conexão, há confiança – e a confiança estimula a entrega, a criatividade, a colaboração e resultados consistentes.

É curioso notar como confiamos facilmente em estranhos – ao deixar o carro em uma oficina ou ao entregar um pacote nas mãos de um motorista – presumindo que tudo funcionará bem. No entanto, esse mesmo impulso de confiança parece evaporar dentro das organizações, onde o excesso de controle e o medo do erro acabam distanciando as pessoas.

Ambientes corporativos dominados pela rigidez de regras e controles sufocam iniciativas e a cooperação espontânea. O maior problema não está nos controles em si, mas no que se perde ao abrir mão da força vital que nasce da confiança entre pessoas. Sem ela, ninguém arrisca ideias, ninguém compartilha dúvidas, ninguém revela vulnerabilidades. A criatividade empobrece. O engajamento esfria. O pertencimento evapora.

Confiar não é ingenuidade, é sabedoria. É uma escolha consciente de quem compreende que relações fortes são mais produtivas que processos rígidos. Que uma equipe conectada entrega mais do que uma equipe controlada. Que a confiança não é cega, mas lúcida – e se reconstrói, se renova, se fortalece com o tempo e com o convívio.

Nas organizações em que a conexão é cultivada como valor essencial, as pessoas não apenas trabalham juntas: elas se reconhecem. Interessam-se umas pelas outras. Sentem-se parte de um organismo vivo. Percebem que o líder não é um controlador, mas alguém que educa pelo exemplo, acolhe com firmeza e inspira com sua presença. Um líder que, com seus gestos, transmite: *você importa.*

A conexão é, de fato, um antídoto contra a lógica da desconfiança crônica que ainda assombra tantas organizações.

Enquanto o medo paralisa e o controle adoece, a confiança liberta e a conexão transforma. Ela ativa no encéfalo os circuitos da colaboração, da empatia e do bem-estar. E, no coração, desperta o sentido mais simples e nobre de todos: *estou em um lugar onde sou bem-vindo.*

Conexão não se constrói apenas com palavras. Não basta falar em clima organizacional; é preciso gerar calor humano com coerência, interesse e atenção. E isso acontece nas entrelinhas: em um gesto, em uma escuta, em uma gentileza, em um cuidado que se oferece mesmo quando não se espera nada em troca.

Não há prosperidade sem conexão. E não há conexão sem confiança. A liderança exponencial é a primeira a confiar, porque entende que as relações vêm antes das regras. Assim, é a dignidade humana que sustenta o capital econômico.

Essa é a essência de quem une, pertence e cuida. Por isso, na liderança exponencial, confiança é base de construção, conexão é força e pertencimento é cultura.

A sorte se desfaz como acaso e se revela como reciprocidade intencional de um vínculo cultivado. Este é o brilho da liderança exponencial: transformar presença em pertencimento e vínculo em potência coletiva.

# CAPÍTULO 25

# Servidão

## Cuidado e humildade

A liderança exponencial coloca
seus dons e talentos a serviço.

Servir com entrega, cuidado e humildade é um gesto ousado de quem compreendeu que resultados verdadeiros são fruto de relações genuínas. É uma decisão que não se apoia na hierarquia, mas na maturidade. Quem serve não se diminui – amplia o outro e, ao fazê-lo, expande a si mesmo.

A palavra *humildade* remete ao latim *humilis* – aquele que está junto ao chão –, com raiz em *humus*, a terra fértil. Ser humilde é, portanto, reconhecer-se parte do todo. É compreender que, assim como a terra sustenta todas as formas de vida, o líder humilde sustenta vínculos, apoia talentos e prepara o terreno para que outros floresçam.

Essa metáfora nos lembra que o líder exponencial não sobe em pedestais, mas firma os pés no chão fértil das relações. Está a serviço de modo revolucionário em sua simplicidade. Em vez de acumular poder, distribui possibilidades.

A cooperação é um processo natural para o encéfalo humano. A ativação do córtex pré-frontal – área associada à empatia, ao julgamento moral e à tomada de decisão com base no bem comum – acontece com mais intensidade em ambientes de confiança, segurança e valorização mútua. Isso reforça a ideia de "neurocooperação" e explica por que lideranças que servem, cuidam e compartilham geram equipes mais engajadas, inovadoras e capazes de produzir resultados excepcionais.

Em tempos de ego inflado, vaidades corporativas e redes sociais que estimulam a comparação, escolher servir é, paradoxalmente, um ato de coragem e de poder. Mas de um poder diferente: um poder que não isola, mas conecta.

A servidão é a força da liderança exponencial, uma nova lógica de poder, em que o maior não é o que está no topo, mas o que mais contribui, gera pertencimento, transforma o ambiente e fortalece a cultura.

No fim, a liderança que serve é a que mais permanece. Porque não apenas atua nos capitais econômico e intelectual, que são transitórios, mas também deixa marcas transcendentes no capital relacional.

A tecelagem da trama da liderança exponencial segue em desenvolvimento, com o entrelace do ser unido ao entrelace do relacionar. A esses, somam-se cinco novos pontos do *realizar*: mensuração, priorização, execução, sustentação e celebração.

E se o impulso da sua liderança exponencial estiver em transformar intenção em realização consistente? Este é o convite dos próximos capítulos.

# PARTE VI

# INTENÇÃO DE REALIZAR

Ação que transforma boas intenções
em realização e resultados.

Toda intenção precisa tornar-se tangível, pois liderar vai muito além de inspirar. É não se limitar ao campo das ideias, mas atravessar a ponte para o terreno concreto, onde a ação acontece e possibilita que os sonhos ganhem forma. O invisível da intenção se revela no visível das entregas.

Ao ingressar na dimensão pragmática da liderança exponencial – aquela que transforma resultados com pessoas e permite crescer humanamente –, compreendemos que ela não é fruto do acaso ou do improviso. Ela nasce de uma sequência coerente de intenções traduzidas em atitudes, que sustentam a "tramaturgia".

Para realizar, o líder primeiro mobiliza pessoas, despertando nelas o desejo genuíno de participar, contribuir e construir em parceria. Mas não basta mobilizar: é preciso escolher com clareza o que merece foco e energia. Realizar pressupõe escolher, e toda escolha verdadeira exige responsabilidade, porque priorizar é também deixar de lado o que não potencializa o resultado. Escolhas envolvem renúncias.

A liderança exponencial entende que não há entrega sem método. A execução é o momento em que a intenção encontra sua expressão máxima: a entrega com consistência e excelência, equilibrando empenho e desempenho, ritmo e disciplina. A vanguarda tecnológica facilita e apoia, colocando os recursos a serviço do humano.

Mas realizar também é saber sustentar. Nem toda entrega resiste ao tempo, e o que diferencia a liderança exponencial é justamente a capacidade de manter, fortalecer e dar continuidade ao que foi iniciado, mesmo quando a atenção coletiva já se volta para novos desafios. Sustentar é perpetuar o que foi construído, sem deixar que se torne episódico.

E, por fim, a celebração. Realizar não termina na entrega, mas se consagra no reconhecimento. Celebrar não é vaidade: é fortalecer vínculos, agradecer os ciclos, valorizar quem fez parte da escalada. É preparar o terreno fértil para que novos objetivos encontrem um time pronto para começar de novo.

Liderar, no fim, é transformar intenção em ação plena e ação plena em legado.

E se a potência da sua liderança, o impulso mais importante, ainda estiver por vir?

A "tramaturgia" da liderança exponencial continua, ponto a ponto, nas próximas páginas.

# CAPÍTULO 26

# Mensuração

## Achismos e achados

Quem se guia por achismos se perde
no labirinto do desconhecido.

No cotidiano corporativo, decisões são tomadas o tempo todo. Algumas ganham forma em comitês e reuniões estratégicas; outras acontecem no silêncio de quem lidera uma equipe ou lida com clientes. Em todas elas, há um ponto de inflexão: decidir com base em achismos ou com base em achados.

Daniel Kahneman, prêmio Nobel de Economia, popularizou o entendimento de que o pensamento humano se manifesta em dois modos principais: o sistema 1, rápido, instintivo e emocional; e o sistema 2, mais lento, deliberado e lógico. Embora Kahneman não tenha descrito diretamente as redes cerebrais envolvidas, estudos em neurociência mostram que esses sistemas dialogam com diferentes circuitos neurais.

A rede de modo padrão (*default mode network*) é mais ativa em processos internos, associações espontâneas e pensamento não dirigido – características que se aproximam do sistema 1. Já a rede executiva central (*central executive network*) está ligada ao foco, à análise e à resolução de problemas, em sintonia com o sistema 2.

O achismo é, muitas vezes, a voz apressada do sistema 1, quando atua sem a moderação e a análise criteriosa do sistema 2. Com frequência, é uma armadilha travestida de agilidade. Ele se apoia em percepções enviesadas, crenças limitantes, experiências mal processadas e julgamentos precipitados. É quando se diz *"a realidade é essa"* ou *"acho que vai dar certo"* sem saber se é, de fato, a realidade ou apenas uma visão parcial e contaminada sobre ela. O achismo é como uma bússola desregulada: aponta uma direção com firmeza, mas não necessariamente com precisão. Em ambientes profissionais, essa escolha pode ter custo alto.

Os achados nascem da coragem de enxergar a realidade como ela é. Surgem da disposição de fazer as perguntas certas e aceitar que as respostas podem incomodar, e da maturidade de quem entende que decisões sustentáveis exigem informações e indicadores consistentes. Achados iluminam, mostram padrões, revelam pontos cegos, escancaram zonas de desconexão, indicam caminhos para iniciar mudanças reais. E fazem isso sem agredir, apenas revelando o que estava invisível.

A liderança exponencial entende que não se trata de mensurar tudo, mas aquilo que realmente importa. No fim, o que diferencia o controle do conhecimento é que o primeiro busca manter, enquanto o segundo deseja compreender. E compreender é, antes de tudo, tornar visível o que antes estava velado.

Quando passamos a mensurar não apenas o capital econômico, mas também o capital intelectual e, sobretudo, o capital relacional – confiança, escuta, pertencimento e empatia –, passamos a enxergar melhor a realidade. Deixamos de operar no escuro. Integrar indicadores financeiros, estratégicos e relacionais permite construir uma saúde organizacional muito mais consistente.

Do ponto de vista neurocientífico, a mensuração do que sentimos e percebemos não é apenas desejável: é fundamental. O encéfalo humano apreende e reage a sinais – sejam dados objetivos ou impressões subjetivas. Quando os líderes têm acesso a informações confiáveis, áreas do córtex pré-frontal, responsável por decisões mais elaboradas, trabalham de forma mais integrada com o sistema límbico, que processa as emoções. A qualidade da informação impacta diretamente a qualidade da decisão. Não é retórica: é fisiologia aplicada à gestão humanizada.

Assim como decisões de qualidade exigem insumos consistentes, o próprio encéfalo precisa de matéria-prima adequada para funcionar em alto nível. O desempenho cognitivo resulta da sinergia entre hábitos e nutrientes: sono reparador, movimento regular, respiração consciente, exposição à luz solar, hidratação e alimentação equilibrada formam a base sólida para o bom funcionamento mental. Negligenciar qualquer um desses elementos, com o tempo, enfraquece a estrutura. Aminoácidos, vitaminas e minerais de qualidade sustentam a produção de neurotransmissores, que influenciam diretamente nossa capacidade de pensar melhor, sentir melhor e decidir com clareza. Um bônus extra é apresentado no final do livro, acrescentando mais elementos sobre esse tema.

Da mesma forma, ignorar a importância dos achados como matéria-prima para a decisão traz o risco de comprometer tanto o presente quanto o futuro. O que não é mensurado não é considerado; o que não é considerado não é aprimorado. Esse princípio transcende o mundo corporativo: só se transforma aquilo que se torna conhecido e consciente; e só se torna consciente aquilo que é trazido à luz por métodos e métricas.

A liderança exponencial não descarta a intuição – reconhece seu valor –, mas sabe que decisões consistentes exigem calibrar a velocidade da emoção com a profundidade da razão. Mensurar é dar um passo em direção ao fortalecimento da trama da liderança exponencial. É decidir e agir com base na realidade. É fazer da informação uma ponte entre o invisível e o possível. E, acima de tudo, é cuidar da gestão humanizada com sustentação na ciência dos três capitais.

# CAPÍTULO 27

# Decisão

## Priorização e coragem

É preciso aliviar o que sufoca para
respirar o que realmente vale.

Toda liderança, em algum momento, se depara com um dilema: o que priorizar na hora de tomar decisões? É exatamente nesse ponto que a metáfora da âncora e da vela revela sua força como critério de priorização.

A âncora representa tudo aquilo que, consciente ou inconscientemente, limita o movimento – seja do desenvolvimento da liderança exponencial, seja do próprio negócio. São fatores corrosivos, ausências, histórias não resolvidas no palco e nos bastidores. As conversas que não aconteceram. As dores que não foram nomeadas. Pesos emocionais, culturais ou estruturais que mantêm a organização atracada, mesmo quando há vento suficiente para partir.

As velas, por sua vez, simbolizam as forças disponíveis: aquilo que funciona bem, a potência, os vínculos de confiança. São energias que podem impulsionar o negócio e as relações rumo a novos destinos, desde que a âncora seja recolhida antes.

Eis o erro comum de muitos líderes: ao perceberem bons ventos, apressam-se em abrir as velas sem notar que as âncoras seguem cravadas no fundo. O resultado? Tensão. Desgaste. O mastro range. A estrutura se fragiliza. E o movimento não acontece. Porque abrir velas com a âncora baixa é arriscar rasgar o tecido das próprias velas. É forçar a fluidez sem antes liberar o que está preso. Os ventos oportunos passam, e a embarcação permanece estagnada.

A arte da liderança exponencial começa, portanto, não pelo impulso de avançar, mas pela coragem de encarar o que está travado. Isso exige humildade e uma disposição madura para tratar o que limita: ressentimentos acumulados, zonas de desconforto evitadas, vínculos danificados, posturas cristalizadas, decisões postergadas. Só após lidar com esses bloqueios é que se cria espaço verdadeiro para o impulso das velas.

Liderar não é apenas liberar o que prende; é também reconhecer e sustentar o que impulsiona. É manter as velas abertas mesmo quando o vento parece inconstante. É dar direção ao movimento com intencionalidade. É escolher o destino e sustentar essa escolha com firmeza.

Toda realização significativa nasce de uma decisão. E toda decisão verdadeira exige coragem, discernimento e responsabilidade. Decidir é renunciar: dizer "sim" a algo, sabendo que se está dizendo "não" a outras possibilidades. É colocar-se na linha de frente das consequências. É assumir o papel de protagonista da própria existência.

A liderança exponencial não se refugia atrás de consensos mornos. Ela envolve, escuta e decide junto com as pessoas diretamente impactadas. Não terceiriza a escolha. Assume o risco. E sabe que a omissão também é uma decisão – frequentemente, a mais perigosa.

A decisão eficaz considera o todo: honra o jogo com o capital intelectual, respeita os jogadores com o capital relacional e não perde de vista o placar do capital econômico. Quando um desses eixos é ignorado, a decisão se desequilibra; quando os três se entrelaçam, ela se expande.

O líder que decide inspira. Seu exemplo educa. Sua clareza contagia. Sua coragem autoriza outros a também se posicionarem com firmeza e inteireza.

Aliás, muitas vezes o que se chama de "prudência" é apenas medo travestido de bom senso. "Esperar o momento certo" pode ser uma desculpa sofisticada para adiar o inevitável. Liderar é, sobretudo, saber quando agir.

E aqui, mais uma vez, a sorte entra em cena. Não como acaso, mas como encontro. Sorte é estar com as âncoras levantadas quando o vento se apresenta. No fim das contas, o barco só segue assim: move-se quando as âncoras são reconhecidas e recolhidas e as velas são abertas com preparo e consciência.

# CAPÍTULO 28

# Execução

## Consistência e excelência

A execução é a arte de realizar com excelência o que nasceu da inspiração.

A intenção encontra sua forma mais nítida na execução: é quando o invisível ganha matéria, quando a palavra se transforma em ação.

Executar é mais do que fazer. É fazer com excelência, no estado da arte. É transformar energia em entrega consistente. A liderança exponencial não se contenta com o improviso nem se embriaga com as minúcias de um planejamento.

Se decidir é assumir a autoria do futuro, executar é fazê-lo acontecer. Executar envolve a integração dos três capitais: o econômico, que revela o valor gerado; o intelectual, que garante eficiência e consistência; e o relacional, que assegura engajamento e senso de responsabilidade.

No mundo exponencial, em que a velocidade das mudanças redefine padrões, a inteligência artificial é uma importante aliada da execução. Não para substituir o humano, mas para ampliar seu alcance. A IA conecta dados, prevê cenários, otimiza processos e libera tempo para que líderes e equipes se concentrem naquilo que nenhum algoritmo pode replicar: visão, discernimento e a capacidade de criar conexões humanas profundas.

Sem método, a execução se perde em esforço sem direção. Sem pessoas comprometidas, o método se torna inerte, sem alma. E, sem resultado, todo esforço se esgota. A liderança exponencial que executa bem é aquela que mobiliza recursos, alinha pessoas, respeita processos e, sobretudo, sustenta o espírito da realização ao longo de toda a jornada.

Não raro, os maiores obstáculos aparecem depois que a decisão já foi tomada. É na ação que se testa a convicção, e é no detalhe que se revela a excelência. Não basta concluir um projeto: é preciso entregar valor percebido. A liderança exponencial sabe que executar é o que transforma planos em conquistas, entende que fazer bem é uma escolha diária e realiza não apenas para cumprir metas, mas, acima de tudo, para honrar acordos.

E a sorte segue se manifestando, não como acaso, mas como consequência. Porque, na execução, a sorte costuma visitar aqueles que se preparam, persistem e se recusam a fazer de qualquer jeito.

Realizar com excelência não é sobre perfeição, mas sobre entrega verdadeira, uma entrega que honra, transforma e inspira.

# CAPÍTULO 29

# Sustentação

## Fortaleza e continuidade

A liderança exponencial tem e mantém.

Realizar não é apenas alcançar: é sustentar. Nem toda entrega resiste ao tempo, e é justamente aí que se diferenciam as realizações de uma liderança exponencial. Não a que vive de soluços ou picos, de *voos de galinha*, mas a que se apoia na permanência. Não a que depende de lampejos de genialidade, mas a que se firma em consistência duradoura.

A sustentação é o teste da verdade. Iniciar um projeto é fácil quando há entusiasmo; concluir um ciclo é possível com empenho e dedicação. Mas manter, fortalecer e garantir continuidade exigem uma combinação rara: determinação, adaptação e disciplina.

A liderança exponencial não apenas entrega, mas também cuida da entrega contínua, preservando o que importa, pois o sucesso verdadeiro é aquele que se sustenta.

Sustentar não é repetir, é renovar continuamente o compromisso com aquilo que foi iniciado. É transformar uma conquista pontual em um ciclo virtuoso. É nesse ponto que a liderança exponencial encontra seu chão mais sólido: a gestão humanizada.

O capital econômico precisa ser sustentado com prudência e visão de longo prazo. O capital intelectual exige renovação constante, espaço para inovação e aprendizagem. E o capital relacional – o mais sensível de todos – requer fortaleza e continuidade.

A liderança que sustenta sabe que o jogo não termina com as primeiras vitórias. Ela constrói estruturas e fortalece a cultura. O impacto real não está no que se faz uma vez, mas no que se faz sempre.

Até a sorte muda de forma: não é apenas coincidência favorável, mas colheita. Na sustentação, sorte é o que se planta com consciência e se colhe com constância.

Sustentar é reconhecer que o tempo é o grande aliado da fortaleza – e que aquilo que se mantém vivo se transforma em legado.

# CAPÍTULO 30

# Celebração

## Reconhecimento e gratidão

Reverenciar com gratidão é ampliar
o saldo dos três capitais: o relacional
se eleva, o intelectual floresce
e o econômico prospera.

Antes de qualquer realização, há uma intenção. Tudo começa na mente e no coração: quando imaginamos o melhor, ampliamos as chances de realizá-lo. É assim que nasce a liderança exponencial – da força de um desejo somada à elevação da consciência. A ação só ganha direção e potência quando a intenção é clara.

Utopia não é delírio, mas possibilidade em estado bruto: algo que ainda não existe, mas que pode ser trazido ao mundo com empenho, coragem e consistência. Realizar é tornar concreto o que antes era apenas desejo – e liderar é conduzir esse processo com determinação e significado.

Assim como no ciclo da natureza, toda realização tem seu tempo. A colheita representa o momento em que semanas ou meses de dedicação, esforço e suor sob o sol se transformam em frutos. No campo, ela se manifesta no recolhimento dos grãos, dos pomares, das vinhas. Nas organizações, revela-se nos resultados entregues, nos vínculos fortalecidos e nas transformações geradas.

Mas há um risco em confundir os meios com os fins. A pressa de celebrar pode fazer esquecer o porquê da jornada. E há quem nem comemore, como se a realização fosse mera obrigação. Não é. Celebrar é parte vital do processo: é agradecer mesmo quando o resultado ficou aquém, mesmo quando o ciclo foi árduo – e, ao mesmo tempo, reverenciar a história com gratidão.

A atitude de celebrar acrescenta valor simbólico e emocional à jornada. Reforça o significado coletivo, fortalece a cultura e inspira novas realizações. A liderança que celebra não é apenas gentil, é sábia – porque entende que celebrar é reconhecer o empenho, os aprendizados, os limites superados e a coragem de continuar quando tudo parecia incerto.

É nesse gesto que o capital relacional atinge sua maturidade, quando a conquista se transforma em memória compartilhada. O capital intelectual ganha força com a estratégia revigorada. E o capital econômico se projeta com mais vitalidade, pois equipes que celebram juntas se desafiam ainda mais.

Celebrar não é encerrar: é renovar. É marcar um ciclo com afeto e abrir outro com esperança. É transformar metas em histórias e legados. É por isso que a realização se consagra no reconhecimento. É nesse ponto que a liderança exponencial revela sua face mais humana: ao agradecer os ciclos, honrar os que caminharam juntos e devolver à equipe, em forma de gratidão, aquilo que foi construído coletivamente.

Brindar é o ritual da prática da grandeza. E o líder que sabe brindar com sentido transforma a entrega em memória afetiva e efetiva. Realizar, afinal, é mais do que entregar: é humanizar a ação, é entrelaçar os três capitais.

É transformar intenções em realidade viva e devolver à equipe e aos clientes tudo aquilo que só foi possível porque houve gente envolvida e presente. Nessa trama, em que as intenções de ser, relacionar e realizar se entrelaçam fortemente, uma pergunta se torna oportuna: *o que a vida real revela sobre o verdadeiro alcance da sua liderança?* Permita-se seguir e explorar a trama em ação que sustenta a vida como ela é.

# PARTE VII

# A VIDA COMO ELA É

A vida não tem manual: tem sinal,
que aprendemos a reconhecer
com ciência e consciência.

A vida não pede permissão para acontecer. Ela transborda, rompe a agenda, altera os planos. E é nesse fluxo incontrolável que a liderança encontra seu campo mais real de atuação – longe dos discursos ou das teorias perfeitas. Ela acontece na existência que pulsa, no imprevisto, na relação, no cotidiano.

Minha experiência prática, acumulada ao longo dos anos como pesquisador, escritor, palestrante, educador, empreendedor e, hoje, como CEO da Capital Relacional, mostra que há uma via direta entre a qualidade das relações e a qualidade dos resultados. E mais: entre o que é sentido no ambiente de trabalho e o desempenho, há uma relação direta entre os capitais relacional, intelectual e econômico. As métricas dos Indicadores do Capital Relacional (ICR) revelam verdades que muitas vezes se escondem atrás de metas batidas e relatórios aparentemente positivos. É nesse ponto que os três capitais ganham textura real.

A neurociência mostra que o encéfalo responde de forma mais integrada quando as emoções estão em coerência com a intenção. Isso significa que o pensar, o sentir e o agir podem ser alinhados. Mas isso não acontece por acaso: acontece quando o líder aprende a reconhecer seus estados internos e gatilhos emocionais, considerando essas informações como base de sustentação da gestão.

Liderar é, antes de tudo, entender de gente – gente que tem limites e vulnerabilidades. Ao final do dia, quando os sistemas se desligam, é a memória relacional que permanece. Não são apenas os números que contam a história de uma liderança, mas as marcas que ficam nas memórias – muito além das redes sociais, gravadas nas redes neurais.

Convivo com lideranças exponenciais que acolhem sem romantizar e sem endurecer. São humanas na justa medida, sem afrouxar nem enrijecer. É na vida como ela é que a liderança se revela – e é exatamente nesse campo que permanece.

E se, nas próximas páginas, você encontrasse elementos fundamentais para suas conversas e decisões capazes de transformar o rumo da sua liderança exponencial?

# CAPÍTULO 31

# Saúde mental

A ciência da administração é a
zeladoria de ambientes saudáveis.

Durante décadas, a administração buscou respaldo em evidências, teorias e metodologias consistentes. Nos últimos tempos, porém, gestores passaram a se apoiar em atalhos de fórmulas prontas e modismos passageiros. Chegou o momento de religar a gestão à ciência que fundamenta relações, bem-estar e sustentabilidade.

Não se trata apenas de sensibilidade, mas de biologia aplicada à liderança. A qualidade das relações no ambiente de trabalho não é um modismo emocional: é o fortalecimento dos capitais. Confiança, escuta ativa, pertencimento e reconhecimento são ativos estratégicos que afetam diretamente tanto a evasão quanto a retenção de talentos e clientes.

A saúde mental tornou-se um dos fatores mais decisivos da vida organizacional contemporânea. Já não é tema periférico, restrito a benefícios pontuais ou a discursos de ocasião, mas condição essencial para a vitalidade dos negócios e para a dignidade do trabalho humano. Quando é negligenciada, os sintomas aparecem de muitas formas: na ausência disfarçada pela presença, na produtividade em queda, no silêncio que se instala, nos afastamentos recorrentes. Mas o maior prejuízo não cabe em números ou relatórios: o que está em jogo é a banalização da vida, o esvaziamento do sentido, a transformação da pessoa em peça descartável até que se quebre.

Cuidar da saúde mental não é suavizar a gestão, mas potencializar sua essência. Não se trata de criar espaços decorativos ou iniciativas superficiais, mas de cultivar relações seguras, garantir respeito, abrir espaço para a escuta e fortalecer o pertencimento.

A ciência mostra com clareza: ambientes tóxicos sufocam a criatividade e drenam o engajamento coletivo. Relações seguras, por outro lado, ativam empatia, ampliam a abertura para decisões compartilhadas e favorecem a inovação. O encéfalo humano responde visceralmente ao tratamento recebido. A neurociência evidencia que a sensação de hostilidade, isolamento ou falta de pertencimento dispara reações no sistema límbico que se estendem ao sistema periférico, estimulando a produção de cortisol pelas glândulas adrenais. Já a confiança, o reconhecimento e o acolhimento fortalecem conexões no córtex pré-frontal e no córtex parietal, ativando a rede executiva central.

O trabalho, por mais exigente que seja, não adoece por si só. O que adoece é a ausência de vínculos e significado. O que desgasta é a indiferença, que age como corrosão invisível. O encéfalo registra cada palavra, cada gesto, cada silêncio. Ele grava mapas de confiança ou ameaça que, pouco a pouco, moldam não apenas o clima organizacional, mas também a capacidade de inovar, colaborar e se comprometer. É por isso que a saúde mental não pode ser tratada como benefício adicional, mas como base de sustentação organizacional.

Liderar é regular sistemas nervosos em interação. Cada estímulo importa, cada ausência deixa marcas, cada presença tem poder. Ignorar esse princípio é empobrecer a humanidade no trabalho. Reconhecê-lo é liberar o potencial humano, pois o verdadeiro custo de não cuidar da saúde mental não é o *turnover*, mas a erosão silenciosa da dignidade. E o verdadeiro ganho de promovê-la não é apenas a retenção ou fidelização, mas a criação de ambientes nos quais pessoas e organizações prosperam em conjunto.

Integrar a saúde mental ao desenvolvimento humanizado significa priorizar ambientes de trabalho psicológica e emocionalmente seguros, cultivar vínculos relacionais autênticos com propósito e garantir que o trabalho não roube a vida, mas a amplifique.

Saúde mental não é opção: é condição para uma cultura mais humana, ética e próspera.

# CAPÍTULO 32

# Gestão humanizada

Assim como a vocação do ser
humano é ser humano, a vocação
da ciência da administração é ser
ciência com consciência.

Gestão humanizada não é uma tendência passageira, muito menos uma retórica simpática. É ciência sináptica aplicada à vida real, traduzida em cultura e liderança. É a arte e o compromisso de gerir negócios reconhecendo pessoas em sua condição de sujeitos.

Nos últimos anos, acompanhei de perto os levantamentos e estudos da Capital Relacional em organizações de diferentes segmentos. Com mais de dois milhões de respostas de colaboradores, líderes e clientes, emergem sinais evidentes sobre o que sustenta resultados consistentes.

Mais do que métricas, os ICR – Indicadores do Capital Relacional – expressam vozes, histórias e padrões invisíveis que relatórios financeiros e pesquisas de clima tradicionais não revelam. Pontos cegos que minam vínculos e potenciais de crescimento tornam-se visíveis. Foi nesse aprofundamento que dois achados se revelaram impactantes: a súplica silenciosa *"conheça-me"* e o clamor vital *"surpreenda-me"*.

"Conheça-me" é o antídoto contra a indiferença. Pertencimento e reconhecimento não são opcionais; são necessidades biológicas. Quando uma empresa não demonstra interesse real, quando não se conecta, transmite uma mensagem implícita e cruel: *"você é irrelevante, como um objeto"*. Essa indiferença não é neutralidade; é uma agressão silenciosa que ativa no encéfalo o mesmo circuito da dor física – o córtex cingulado anterior. Trata-se de exclusão social em sua forma mais devastadora, que gera distanciamento emocional, redução do engajamento e evasão. Algumas vezes, essa evasão é ativa e literal, quando um funcionário pede demissão ou um cliente não retorna. Outras vezes, é passiva: a pessoa permanece fisicamente presente, mas se desliga afetiva e cognitivamente. A indiferença é um bumerangue: uma cultura indiferente aos colaboradores gera colaboradores indiferentes ao trabalho e aos clientes. E clientes tratados com indiferença tornam-se indiferentes à marca. A indiferença é contagiosa – e mata silenciosamente o vínculo.

A súplica "surpreenda-me", antítese da indiferença, é a segunda grande âncora que abala a qualidade das relações. O levantamento revela sinais alarmantes: o encéfalo humano clama por novidade, encantamento e descoberta. Relações seguras e confiáveis ativam os circuitos da empatia, da memória e da criatividade. Ambientes tóxicos, por outro lado, liberam cortisol em excesso, bloqueiam o raciocínio complexo e promovem distanciamento. É a surpresa genuína – não um gesto vazio, mas uma intenção autêntica – que ativa o núcleo accumbens, libera dopamina e cria memória afetiva. Surpreender é o que transforma vínculo em valor, pertencimento em continuidade. É o que sustenta a retenção não apenas física, mas relacional, afetiva, intelectual e econômica.

Esses dois achados – reconhecimento e encantamento – explicam os altos índices de evasão de clientes e equipes. Porque a evasão não começa no dia em que alguém pede desligamento. Ela nasce muito antes: quando a pessoa deixa de se importar, quando para de contribuir em reuniões, quando o cliente ignora e-mails, quando ninguém mais sente que vale a pena insistir. O desligamento formal é apenas a última etapa de um processo silencioso que já vinha corroendo vínculos – e que, antes, muitas vezes passa por um período de abalo na saúde mental.

A gestão humanizada não pode se reduzir a discursos de cuidado. Precisa de instrumentos capazes de captar os sinais precoces do afastamento invisível. Essa tem sido a contribuição da Capital Relacional: identificar o que não está à vista, revelar tensões silenciosas, validar ou desafiar a intuição dos líderes e oferecer evidências sobre a qualidade dos vínculos que sustentam a vida organizacional. Os ICR funcionam como uma ressonância magnética da cultura, revelando se os relacionamentos internos e externos atuam como âncoras que paralisam ou como velas que impulsionam.

Esse aprendizado, vindo da vida como ela é, trouxe uma certeza: gestão humanizada é um estado permanente da cultura. Colaboradores e clientes não são dimensões separadas, mas faces de uma mesma moeda. Não são, necessariamente, engajados ou fidelizados, pois esses são estados passageiros que variam conforme a realidade da empresa. A cultura que trata o colaborador com indiferença replicará esse padrão no atendimento ao cliente. A cultura que reconhece e surpreende o colaborador criará a mesma experiência para o cliente.

Gestão humanizada é valorizar. É potencializar em vez de suavizar. É fortalecer a cultura que sustenta a estratégia. É reconhecer que, na contabilidade final dos capitais – econômico, intelectual e relacional –, o que mais importa não é apenas o que se fez, mas para quem se fez. Porque, no fim, aquilo e aqueles com quem você se importa de verdade são o que mais importam.

# CAPÍTULO 33

# Neurociência exponencial

Não é lógico. É neurológico.

A liderança não é apenas uma competência técnica, tampouco um talento nato. Ela é, antes de tudo, um fenômeno neurocomportamental. Forma-se, reforma-se e transforma-se no campo invisível das experiências vividas, das emoções sentidas, dos vínculos cultivados ou negligenciados, das sinapses criadas e de suas podas.

O encéfalo, esse órgão fascinante, responde continuamente ao ambiente, interpreta estímulos, reorganiza conexões, molda decisões e esculpe comportamentos. Não somos apenas fruto da genética ou do contexto: somos o resultado dos entrelaces de um emaranhado de experiências relacionais.

Nesse cenário, a liderança não emerge do acaso. Ela é fruto da plasticidade dirigida por intenção. Uma intenção clara tem o poder de reorganizar rotas neurais, fortalecer redes sinápticas e gerar engramas – marcas vivas de escolhas e aprendizados que moldam as pessoas.

A neurociência comprova que a forma como interagimos altera a química do encéfalo. Relações tóxicas elevam o cortisol de forma prejudicial, comprimindo o raciocínio, reduzindo a memória de trabalho, afetando o sono, o sistema imunológico e a motivação. Em contrapartida, relações seguras e estímulos positivos ativam o córtex pré-frontal, ampliando a tomada de decisão consciente e a regulação emocional.

Esses achados revelam que liderar é, em essência, uma ação de regulação neuroquímica coletiva. A qualidade das interações se traduz em estados químicos que podem favorecer a criatividade, a colaboração e o desempenho ou, ao contrário, desencadear retração, medo e apatia.

A neuroplasticidade é a chave dessa compreensão. A liderança não é herdada: é desenvolvida, aprimorada e moldada no próprio encéfalo de quem a exerce. Aprendizados intencionais geram novos caminhos neuronais. Práticas de escuta, gratidão, empatia, diálogo estruturado e rituais de reconhecimento criam padrões de reação mais saudáveis e fortalecem a imunidade emocional.

Essa imunidade emocional – a capacidade de manter o equilíbrio diante da adversidade – é hoje uma das competências mais decisivas para liderar em tempos de alta complexidade. E ela não nasce apenas da força de vontade: surge de práticas consistentes, sustentadas por métodos que acionam o que há de melhor em nosso funcionamento neurobiológico.

Neurotransmissores como serotonina, dopamina e oxitocina deixam de ser termos técnicos para se tornarem indicadores da qualidade das experiências. A serotonina, associada ao bem-estar, se eleva em contextos de segurança psicológica. A oxitocina, ligada à empatia e à confiança, é liberada em momentos de conexão significativa. A dopamina, neurotransmissor da motivação, se ativa diante de conquistas e reconhecimento. Até o cortisol, muitas vezes visto apenas como vilão, tem papel regulador quando mantido em equilíbrio, prevenindo esgotamento e protegendo o organismo.

O que antes parecia intangível – confiança, motivação e segurança – hoje é mensurável pela ciência e pode ser cultivado intencionalmente. A neurociência mostra que liderar é compreender que cada estímulo deixa uma marca, cada palavra ativa o encéfalo de forma única, cada ausência tem impacto e cada presença tem poder.

Organizações saudáveis são aquelas que reconhecem a dimensão neurobiológica da liderança e criam espaços de desenvolvimento humano em sintonia com a ciência. A saúde mental precisa ser valorizada tanto quanto os indicadores de mercado, porque dela depende a energia vital que sustenta todos os resultados.

Não é sorte. É plasticidade dirigida por uma intenção que se transforma em ação. Se queremos organizações exponenciais, precisamos de uma liderança sustentada por consciência elevada e ciência aplicada.

Esta é a nova fronteira da liderança: não apenas gestão de pessoas, mas gestão da própria natureza humana.

# CAPÍTULO 34

# Cultura exponencial

A liderança inicia o movimento
exponencial; a cultura o sustenta.

Convivendo com diferentes organizações, constatei que ainda existem aquelas que tentam expressar sua cultura em quadros na parede ou em discursos bem ensaiados. Mas cultura vai muito além: é o jeito de ser, o modo como as relações se entrelaçam para que as contribuições se tornem significativas e os resultados consistentes aconteçam.

Esse jeito de ser se manifesta em rituais e símbolos, mas é nas pequenas ações cotidianas que revela sua verdade: nas conversas, nas decisões que se consolidam, no clima que se estabelece. É no detalhe relacional que a coerência se torna visível.

Uma cultura exponencial é o terreno fértil em que os três capitais se encontram em fluxo contínuo. Quando o humano é valorizado, o conhecimento circula com liberdade. Quando o conhecimento se expande, a estratégia se refina. Quando a estratégia reflete valores vivos, os resultados ganham potência e permanência.

Mas cultura não nasce pronta: é cultivada. A liderança exponencial é o jardineiro desse ambiente vivo. Seu papel é podar os excessos que sufocam, regar os vínculos que fortalecem e semear, todos os dias, coerência entre discurso e prática. Cultura não se implanta; se planta. E, como tudo que é vivo, responde ao cuidado.

Cultura é forma e conteúdo, pensamento e emoção, direção e sentido. Ela preenche o vazio deixado quando o trabalho se reduz a tarefas sem significado. Uma cultura exponencial nasce na convivência, mas se revela na transcendência. Surge no cotidiano e é testada nos desafios. Não foge dos dramas humanos; acolhe incertezas, angústias e medos – e justamente por isso transforma dramas em tramas promissoras.

Cultura é processo contínuo. É estado vivo que não se esgota em manuais ou campanhas, mas que se reinventa nas relações, se prova nos rituais e se comprova no legado. Quando a cultura é vivida – e não apenas lembrada –, ela não precisa ser anunciada, pois se torna o próprio ar que se respira.

O que sustenta a perenidade da liderança exponencial não é apenas a força de uma pessoa ou de uma estratégia, mas a solidez de uma cultura que atravessa o tempo, inspira sucessores e mantém vivo o sentido de realização coletiva.

# CAPÍTULO 35

# O Capital

A ciência sustenta, a arte expande
e a espiritualidade pulsa o humano,
integrando-o em uma liderança que
transcende o tempo para se tornar eterna.

Liderar exponencialmente é elevar-se a níveis mais altos de consciência, tendo a ciência como alicerce e a arte como portal para novas perspectivas. É entrelaçar fios visíveis e invisíveis até alcançar o núcleo da trama onde repousa o Capital ainda velado, aguardando ser compreendido, acolhido e revelado. Um Capital com "C" maiúsculo, porque é dele que fluem e se nutrem todos os demais capitais.

Talvez, ao longo desta leitura, você tenha percebido que já o tinha encontrado. Afinal, três capitais sempre estiveram em cena: o econômico, que sustenta; o intelectual, que orienta; e o relacional, que conecta. Mas este Capital vai além. Ele é *caput* e fonte. O manancial. Estamos falando do *Capital Espiritual*.

Não se trata de religiosidade, mas da espiritualidade como dimensão mais profunda da existência humana. Ela se manifesta no encontro verdadeiro consigo mesmo, no diálogo silencioso com a natureza, no olhar que reconhece o outro antes da palavra, no trabalho que energiza por unir chama e chamado, na dignidade que não se negocia, no propósito que não se perde, na paz que nasce quando a vida é íntegra e integrada. É a espiritualidade que dá sentido ao realizar, que sustenta o ser e que consolida o relacionar.

A espiritualidade reconhece a ciência como um dos dons do Espírito Santo, ao lado da sabedoria e do entendimento. Habita o território em que a razão se curva diante do mistério e se expande diante da verdade. É o campo em que a curiosidade científica e a reverência ao divino caminham lado a lado.

A neurociência também evidencia a espiritualidade. Em estados de transcendência – seja em oração, seja em contemplação ou presença plena –, o encéfalo ativa áreas ligadas à compaixão, à empatia e à percepção ampliada de significado. É como se, nesses instantes, ciência e espiritualidade se unissem para reescrever, juntas, um código de vida mais elevado. A plasticidade neural responde, os engramas se fortalecem, a química se harmoniza e a vida reencontra seu eixo natural.

E a sorte? Para muitos, é acaso; para outros, são apenas evidências. A espiritualidade, porém, a reconhece como providência.

No silêncio mais profundo, é o divino que se revela na expressão do Capital Espiritual como patrimônio invisível que se manifesta pelos frutos – como ensina o Evangelho de Mateus 7:16: *"Por seus frutos os conhecereis. Porventura colhem-se uvas dos espinheiros, ou figos dos abrolhos?"* Frutos de humanidade, coragem e compaixão têm valor imenso, mas não se acumulam em cofres.

Revelar o Capital Espiritual é permitir que a liderança se transforme em um ser melhor; que, ao se relacionar, reconheça sempre o divino em cada um; e que desse reconhecimento inspire o melhor realizar. É compreender que a abundância é duradoura quando entrelaçada ao que é eterno. A grandeza não está apenas no que se constrói, mas em quem se torna enquanto constrói – e no que de melhor desperta nos outros.

O Capital Espiritual é o que faz a regência do regente. Se a integração do econômico, do intelectual e do relacional gera força transformadora, é esse quarto Capital que lhes confere o sopro essencial. Ele integra vivência e transcendência, pois não há separação, dicotomia ou fragmentação. Não há radicalismos nem oposições. O que há é a unidade da vida, que encontra seu eixo quando se revela na beleza, na bondade e na verdade – princípios que atravessam séculos e se confirmam como essência da existência.

Ao fechar este livro, não feche o que se abriu dentro de você. Mantenha viva a fresta por onde a luz entrou. Que você integre os três capitais a este quarto Capital, sublime, que sustenta e orienta. Que a sua ciência permaneça firme, que a sua arte continue a inspirar e que a sua espiritualidade siga presente como mãos divinas conduzindo o fio invisível que dá sentido e beleza à trama da vida.

Tal como na parábola dos talentos, não fomos feitos para enterrar o que recebemos, mas para exponenciar. Cada dom, cada talento, é um chamado à ação. O que se esconde se perde; o que se entrega floresce; e o que se multiplica transforma. E é nessa multiplicação que se cumpre a promessa da abundância.

Todo potencial merece ser vivido. Toda vida merece ser plena. Há um mundo inteiro à espera do líder que você se tornou ao chegar até aqui.

# EPÍLOGO

# O poder da intenção

> No fim, não é o livro escrito que conta, mas a sua história viva, que você, leitor, escreveu a partir dele.

Você lembra como tudo começou? Com a ideia de um livro ainda não escrito.

Com a promessa de que existe, em cada um de nós, uma narrativa esperando para ser contada e vivida.

Não nas estantes, mas nas escolhas diárias.

Não nos títulos, mas nos gestos.

Não na sorte, mas na intenção intensa que se revela por meio da ação.

Ao chegar até aqui, talvez você tenha percebido: este livro não era apenas sobre liderança. Era sobre você. Sobre o seu potencial.

Sobre a "tramaturgia" que talvez ainda não tivesse nomeado, mas que já vinha sendo tecida dentro de você – do latente ao evidente, do possível ao realizável, do prometido ao entregue.

Sim, você carrega em si um potencial exponencial – com "e" de excelência, entrega e expansão.

O ponto de chegada dessa escalada não é um pódio, mas uma escolha diária de coerência. É quando sua intenção encontra força e se manifesta na atitude, na palavra, na decisão. É quando seu discurso encontra morada no seu comportamento. É quando o que você diz e o que você faz passam a habitar a mesma casa – e você se torna protagonista do seu destino.

Este livro não se encerra com um ponto final, mas com um ponto exponencial: um chamado para que você, ainda mais reflexivo e consciente, se torne também uma liderança que se propaga.

Agora, certamente, você está pronto para escrever o que mais importa: o que vem depois desta última página. Porque liderança não se conclui nem se fecha. Ela se celebra.

Liderar é tornar-se sua própria referência de coerência. É ativar o que há de mais verdadeiro em você, para que outros também se permitam fazer o mesmo.

Com os quatro capitais integrados, este livro não termina: ele continua, agora junto com o livro da sua própria história – a história de todo o seu potencial, agora exponencial.

Bastam intenção e ação. Bastam decisão e compromisso.

Talvez não seja fácil, mas pode ser simples.

Porque basta você.

# AGRADECIMENTOS

Ao longo da vida, fui agraciado com a oportunidade de cruzar caminhos com inúmeras pessoas especiais. Seja em encontros informais, seja em seminários, congressos ou programas de formação, cada pessoa contribuiu de maneira única e especial para a materialização deste livro.

Conto com parceiros e sócios da Capital Relacional e Metanoia Educação Transformadora: Alexandre Zorita, Carlos Soares e Roberto Tranjan, cujas visões e experiências enriquecem.

À equipe de alto desempenho com quem tenho satisfação em conviver: Alessandra, Bel, Cláudia Gomes, Cláudia, Edilza, Esther, Francisco, Herivelto, Karine, Marcelo, Marlene, Maurício, Noelli, Patrícia, Renata, Sabrina, Shuelen, Suellen, Wagner, Wilson, Zilda e Zilma, meu muito obrigado. Maria Luiza Alves Vilares, Malu, recebe um destaque especial por suas contribuições únicas e sua incansável disponibilidade em nossas andanças. Nesse trajeto, deparei-me com lideranças exponenciais que se tornaram mais que amigos: Alexandre Crepaldi, Ana Branco, Diego Somacal, Donaldo Buchweitz, Gabriel Carissimi, Guilherme Lepski, Luiz Branco, Osvaldo Conte e Sidnei Bianchi.

Agradeço, ainda, a todos que aceitaram o convite para a leitura crítica enquanto as ideias ainda estavam em desenvolvimento: Analía Arévalo, Daniela Ferraz, Fernanda Cenci, Fernando Vítolo, Marcelo Vieira Martins, Nathali Oliani, Peter Thomas Szenttamasy, Roberto Frumi, Sergio Almeida, Solon Stapassola Stahl e Susi Maluf. Cada visão ampliou minhas percepções.

O núcleo familiar tem suas raízes profundas: meu pai, Santi, com um século de vida; minha mãe, Lucilla – que saudade! –; meus queridos sogros, Manuel, que partiu sem se despedir, e Isaura. Eles forneceram bases sólidas e valores que permeiam minha vida.

Minhas irmãs: Isis, que poderia ter ficado mais tempo entre nós, Iara e Silvia; os cunhados Armando, Ana, Ênio e Fátima; e os sobrinhos Lucilla Helena, Guilherme, Thaís, Luíza, Francisco, Victor e Pedro, que, juntamente com Júlia e Bia, fazem parte de afeto e presença.

Empreendi alguns negócios, mas aquele que mais me dá o sentimento de completude é justamente o que é vivido em família.

À minha querida esposa, Maria Augusta, cuja presença constante, ao longo de mais de quatro décadas, segue fundamental para nossas realizações, expresso minha profunda gratidão pelo apoio incondicional, pela paciência inesgotável e por minha ausência enquanto escrevo. Nosso amor é a força que sustenta os diferentes desafios.

Aos nossos filhos, João Álex, que sempre fortalece a lógica e a ciência, e Théo Álan, o Teco, artista que, com seus dons, dá vida a grandes realizações, como o prêmio de melhor curta-metragem universitário do 53º Festival de Cinema de Gramado. Os talentos de ambos são fonte inesgotável de inspiração.

# BIBLIOGRAFIA

Integrar o saber científico ao vivencial é um dos desafios mais nobres da liderança. Este livro busca entrelaçar ciência e arte, teoria e prática, dados e decisões, mas, sobretudo, humanidade e resultados.

Para reforçar essa solidez, compartilho uma bibliografia que é um convite a novas leituras e descobertas. Nela estão reunidas obras clássicas e contemporâneas da administração, livros consagrados de liderança e artigos científicos que revelam as evidências mais recentes da neurociência aplicada às relações humanas, à saúde mental e à cultura organizacional.

Essa base técnico-científica, somada aos aprendizados da vida como ela é, nos vínculos relacionais, sustenta a ideia central deste livro: liderar é uma arte alicerçada em ciência e consciência.

## CLÁSSICOS DA ADMINISTRAÇÃO E LIDERANÇA

Edgar H. Schein – *Cultura organizacional e liderança (Organizational culture and leadership)*: Base fundamental que mostra como o líder molda a cultura e como a cultura alimenta o poder transformador da liderança.

John C. Maxwell – *As 21 irrefutáveis leis da liderança (The 21 irrefutable laws of leadership)*: Um livro clássico que apresenta princípios universais da liderança, voltados à influência, visão e legado.

John C. Maxwell – *Desenvolvendo o líder interior e os líderes ao redor (Developing the leader within you* e *developing the leaders around you)*: Destaca o crescimento pessoal do líder por meio da capacitação de outros, sustentado pela confiança e pelo exemplo.

Peter F. Drucker – *A prática da administração (The practice of management)*: Neste livro, o autor redefine o papel do gestor como agente de eficácia, introduzindo a administração por objetivos como prática intencional.

## NEUROCIÊNCIA E SAÚDE MENTAL

Stephanie L. Grella e Tia N. Donaldson – "Contextual memory engrams, and the neuromodulatory influence of the locus coeruleus" (Frontiers in Molecular Neuroscience): Aborda como experiências moldam engramas neurais e alteram percepção contextual, conectando memória, cultura e engajamento.

Eric R. Kandel – *Princípios de neurociências (Principles of neural science)*: Escrito por pesquisadores reconhecidos com o Prêmio Nobel de medicina e fisiologia, apresenta uma perspectiva atual e abrangente para compreender as relações entre o encéfalo e o comportamento humano.

Giovanni Leone *et al.* – *Plasticity of human resilience mechanisms* (Science Advances): Demonstra como o encéfalo adapta os circuitos de resiliência diante de desafios, com impacto direto na saúde mental coletiva.

Patcha Bhujanga Rao *et al.* – *The application of neuroscience in leadership development* (IGI Global): Estudo sobre o papel do córtex pré-frontal, da amígdala e do hipocampo na regulação emocional, decisão e aprendizado como base neurobiológica da liderança.

## RELACIONAMENTO E DESENVOLVIMENTO DE EQUIPES

Marco Iacoboni *et al.* – *Grasping the intentions of others with one's own mirror neuron system* (PLoS Biology): Estudo fundamental que demonstra como observar ações com contexto ativa regiões do encéfalo semelhantes à execução destas, apoiando a compreensão da intenção alheia e introduzindo a simulação neural como base da empatia ativa e da influência relacional.

M. Lance Frazier *et al.* – *Psychological safety: A meta-analytic review and extension* (Personnel Psychology): Demonstra o impacto da segurança emocional na eficácia, aprendizado e inovação em equipes.

Amy Edmondson – *Psychological safety and learning behavior in work teams (Administrative Science Quarterly)*: Evidencia como ambientes com segurança psicológica promovem base para maior aprendizado, criatividade, engajamento, comprometimento duradouro e desempenho.

Ravi Shankar *et al.* – *The role of leadership in fostering psychological safety in healthcare – Protocol for a systematic review of qualitative studies (International Journal of Qualitative Methods)*: Discute como líderes podem cultivar confiança, reduzir defesas emocionais e impulsionar colaboração em ambientes seguros e saudáveis.

## NEUROTRANSMISSORES E CLIMA ORGANIZACIONAL

Sunday Ade Bello – *Body chemistry and leadership behaviour (International Journal of Social Sciences)*: Estudo que correlaciona neurotransmissores e identifica o papel da dopamina, oxitocina, serotonina e endorfinas no exercício da liderança.

Marlene Gonzalez *et al.* – *Neurotransmitters of leadership* (Psychology Today): De que forma a dopamina, serotonina, oxitocina e GABA moldam confiança, tomada de decisão e conexão social.

Stavy Papasotiriou – *The neurobiology of joy: The Science Behind Workplace Happiness* (Engage Employee): Aborda como a alegria no trabalho ativa processos neuroquímicos que reforçam bem-estar, retenção e performance.

## NEUROPLASTICIDADE E APRENDIZAGEM ORGANIZACIONAL

*"Neuroplasticity"* (StatPearls – NCBI): Artigo técnico explicando como o encéfalo muda funcional e estruturalmente com a experiência.

*"Neuroplasticity and the brain science behind exceptional leadership"* (Forbes Coaches Council): De que maneira líderes excepcionais utilizam a plasticidade para evoluir e gerar resultados exponenciais.

*"The impact of neuroscience on leadership development"* (Leadership Science Institute): Articula práticas neurocompatíveis para desenvolver líderes adaptáveis e conscientes.

## ECONOMIA E GESTÃO HUMANIZADA

Daniel Kahneman – *Rápido e devagar: duas formas de pensar (Thinking, fast and slow)*: Prêmio Nobel em Economia, apresenta os dois sistemas que nos governam e revela como esses modos de pensar influenciam decisões, julgamentos e vieses.

*NLI Staff – The neuroscience of laughter and how to inspire more of it at work* (Neuroleadership Institute): Como humor e surpresa ativam dopamina e oxitocina, fortalecendo vínculos e aprendizagem afetiva no trabalho.

Roberto Tranjan – *Capital Relacional* (Buzz Editora): Apresenta as súplicas e articula as relações humanas com a estratégia de negócios como diferenciais competitivos.

Roberto Tranjan – *Metanoia* (Buzz Editora): Trata de uma profunda transformação de mindset e do novo estágio de consciência do líder, com impacto no trabalho e na vida.

Silvio Bugelli – *Crer-ser humanamente* (Engrama Editora): Uma jornada que integra razão, emoção e cultura cooperativista e apresenta um caminho para crescer humanamente.

# BÔNUS

# Sinfonia humana

A liderança torna-se exponencial
com a afinação do maestro interno
e o cuidado com cada músico para
alcançar a perfeita harmonia.

Imagine-se diante de uma grande orquestra: os violinos afinam, os metais aguardam a entrada precisa e a percussão mantém o pulso. No centro dessa orquestra está o encéfalo, que rege cada pensamento, emoção e ação e que precisa estar afinado com todos os músicos. Se uma parte não está integrada, a harmonia se perde. Quando um sistema não é devidamente nutrido, a sinfonia das ideias, da empatia e das decisões perde força. Cuidar dele é pré-requisito para que a liderança exponencial se manifeste.

Meu desejo aqui não é tratar sobre "o que fazer", mas sobre "o que acontece nos bastidores" quando fazemos. Vamos entender do que o encéfalo precisa para funcionar afinado, em alta performance, e por que isso importa para liderar. O senso comum já recomenda: durma bem, movimente-se, respire, tome sol, beba água, coma comida de verdade. Desejo ir além, explorando o que acontece por dentro quando cumprimos, ou negligenciamos, cada um desses cuidados.

Todo som nasce quando um neurônio conversa com outro na fenda sináptica, um pequeno vão entre as células que tem como impulso o potencial de ação. De um lado, o neurônio envia uma mensagem química; do outro, um receptor a lê e decide o que fazer.

Para que esse diálogo não falhe, três elementos precisam estar em sintonia. O primeiro é a energia. Quem paga a "conta de luz" do encéfalo é a adenosina trifosfato, conhecida pela sigla ATP. Embora o encéfalo represente cerca de 2% do peso corporal, consome até 25% de toda a energia produzida pelo corpo, quase toda na forma de ATP, gerada nas mitocôndrias dos neurônios. Sem ATP suficiente, não há transmissão de sinais, liberação de neurotransmissores ou formação de novas conexões. A produção dessa energia depende de glicose de qualidade, oxigênio e do bom funcionamento mitocondrial, reforçado por respiração profunda, movimento, sono reparador e nutrição adequada. O movimento, além de consumir energia, estimula a multiplicação das mitocôndrias, criando mais usinas para sustentar a sinfonia.

O segundo é o equilíbrio elétrico. Após cada disparo, o neurônio precisa se recarregar. A bomba de sódio-potássio, movida a ATP, expulsa sódio e traz potássio de volta, preparando o próximo acorde, a próxima sinapse, como um carregador que nunca pode ser desligado.

O terceiro é a matéria-prima. Neurotransmissores nascem de aminoácidos presentes em proteínas de boa qualidade: triptofano, para a serotonina, que impacta o humor e o sono; tirosina, para a dopamina e a noradrenalina, que influenciam motivação e foco; e histidina, para a histamina, que regula o estado de alerta. É importante lembrar que esses mensageiros não são gerados apenas no encéfalo. O intestino, com seus mais de 100 milhões de neurônios, é chamado de "segundo cérebro". Ali, grande parte da serotonina é produzida, conectando digestão, humor e clareza mental. O coração, por sua vez, possui uma rede neuronal própria, o sistema nervoso cardíaco, que envia sinais ao encéfalo e influencia emoções, decisões e estados de calma ou estresse. Esses centros dialogam em tempo real, mostrando que pensar e sentir não acontece apenas na cabeça, mas também pulsa no peito e nas entranhas.

O sono é um dos músicos essenciais. É a oficina noturna na qual memórias são consolidadas, ideias são reorganizadas e emoções são processadas. Durante o sono profundo, as redes neuronais reforçam conexões recém-criadas. O sono REM, sigla de *Rapid Eye Movement* (Movimento Rápido dos Olhos), é o ensaio noturno em que a orquestra do encéfalo solta sua criatividade. Nesse estágio, os olhos se movem velozmente por trás das pálpebras, enquanto os músculos repousam em silêncio absoluto, como se toda a orquestra estivesse imóvel, mas a partitura vibrasse por dentro. É nessa fase que os sonhos se tornam mais vívidos, que lembranças recentes são revisitadas e emoções intensas encontram suavidade. O encéfalo toca em ritmo acelerado, quase como se estivesse desperto, mas, em vez de reagir ao mundo externo, ensaia combinações internas – conectando memórias distantes, criando novas associações, ampliando a criatividade. O sistema glinfático, ativo durante o sono, remove resíduos tóxicos, como a beta-amiloide, prevenindo o desgaste precoce. Sem ele, a melodia perde sustentação, ritmo e profundidade.

O movimento é outro músico indispensável. Exercícios que aumentam a frequência cardíaca liberam o fator neurotrófico derivado do encéfalo, conhecido pela abreviação BDNF, um fertilizante natural para os neurônios. Ele estimula a plasticidade sináptica, fortalece conexões e protege contra a degeneração. Movimentar-se abre novas rotas na circuitaria do encéfalo, favorecendo a criatividade, a tomada de decisão e a clareza.

O oxigênio é o sopro que mantém a melodia viva. É dele que nasce o ATP. Respiração profunda e ambientes com boa qualidade do ar aumentam a eficiência energética do encéfalo; já sua escassez, mesmo que leve, apaga a clareza mental como um acorde interrompido antes do final.

A luz da manhã funciona como a partitura que dá o tempo dos acordes. Ao atingir os olhos, aciona o núcleo supraquiasmático, no hipotálamo, regulando o ritmo circadiano – ciclo de 24 horas que organiza sono, vigília, metabolismo, humor e desempenho. Esse ritmo varia conforme o cronotipo: cotovias despertam cedo, corujas rendem mais à noite. Genes, idade e ambiente moldam essa variação. Quando a luz da manhã cumpre seu papel, ajusta melatonina, cortisol e neurotransmissores, afinando o dia; quando falha, provoca o *jet lag* social.

A água é o condutor invisível. Compondo cerca de 75% do encéfalo, mantém o volume sanguíneo, transporta nutrientes e garante a condução elétrica entre neurônios. Uma desidratação de apenas 5% já reduz o raciocínio, a atenção e a memória.

Ao lado dela, a alimentação à base de comida de verdade fornece as substâncias necessárias para manter cada instrumento em perfeito estado: proteínas que formam neurotransmissores, gorduras boas que preservam a flexibilidade das membranas e antioxidantes que protegem contra o desgaste. A matéria-prima fina do encéfalo inclui aminoácidos como triptofano, tirosina e histidina; gorduras boas como o ômega-3; e antioxidantes potentes como o resveratrol, que melhora o fluxo sanguíneo, preserva a plasticidade e reduz o estresse oxidativo. Alguns estudos apontam também para efeitos ansiolíticos e antidepressivos dessa substância, pela modulação do eixo hipotálamo–hipófise–adrenal.

Outros aliados são a curcumina, que reduz a inflamação e favorece a memória; a L-teanina, que promove relaxamento e clareza; e os flavonoides do cacau, que estimulam a plasticidade cerebral.

Mas há também elementos que desafinam. Alimentos ultraprocessados inflamam, desregulam a saciedade e deixam a energia instável. Açúcar e farinhas refinadas, ao provocarem picos e quedas bruscas de glicemia, roubam a constância energética necessária ao encéfalo e alimentam processos inflamatórios silenciosos. O excesso desses elementos contribui para resistência à insulina e está associado ao aumento do risco de declínio cognitivo.

O cigarro compromete a oxigenação cerebral com monóxido de carbono, aumenta o estresse oxidativo e reduz o volume de regiões como o hipocampo e o córtex pré-frontal. Cada tragada é um acorde desafinado que mina, pouco a pouco, a harmonia das conexões. O álcool, embora pareça relaxar, prejudica o sono e altera receptores da memória. A cafeína pode ser aliada ou vilã: em dose e horário corretos, melhora a atenção; à noite, rouba a qualidade do sono e, assim como o álcool, compromete a clareza do dia seguinte.

Outro fator moderno desafina a sinfonia: o excesso de tempo de tela. A luz artificial azul dos dispositivos, à noite, inibe a produção de melatonina, atrasando o sono reparador. Além disso, a hiperestimulação contínua das redes sociais fragmenta a atenção, reduz a profundidade do foco e altera os circuitos de recompensa, drenando clareza e presença.

E existe um ensaio pouco valorizado: o da leitura e o da escrita. Ler cria novas sinapses e amplia o repertório; escrever, especialmente à mão, ativa áreas motoras, reforça memórias e aprofunda o aprendizado.

A liderança exponencial acontece quando, com maestria, tudo se afina com a orquestra completa. Sono, movimento, respiração, luz, hidratação, nutrição e estímulo intelectual não são apenas conselhos de saúde, mas a infraestrutura invisível que sustenta decisões claras, relações consistentes e ação certeira. Quanto mais saudável o potencial, mais plena é a música da liderança – clara, potente e capaz de encantar e transformar.